FIT & SCHLANK MIT ANNA

1,0X
HUAWEI

ANNA LEWANDOWSKA

FIT & SCHLANK MIT ANNA

90 Power-Rezepte
für deine Traumfigur

südwest

INHALT

1809 KCAL

1786 KCAL

1961 KCAL

1968 KCAL

1

EINLEITUNG

Als Sportlerin weiß ich, dass die ausgewogene Versorgung mit Makronährstoffen – die Energiequellen unseres Körpers – die Basis für ein erfolgreiches Training bildet. Nur mit der richtigen Menge an Kohlenhydraten, Proteinen und Fetten kannst du deine gewünschten Ziele erreichen. Deshalb ist es von Vorteil, die Funktion jedes einzelnen Nährstoffs zu kennen, sodass man sich optimal ernähren kann. Bevor wir zu den Trainings- und Essensplänen kommen, die ich für dich zusammengestellt habe, ist es gut, sich ein wenig mit der Theorie zu befassen. Also lies am besten bis zum Ende. ☺

Kohlenhydrate liefern dem Körper Energie. Sie wird benötigt, damit die Zellen reibungslos funktionieren. **Die Hauptenergiequelle ist Glukose.** Wenn eine Mahlzeit reich an Kohlenhydraten (besonders den **einfachen**) sowie **Eiweiß** und **Fett** ist, werden zuerst die Kohlenhydrate verwertet. Wenn es keine Kohlenhydrate gibt, nimmt der Körper zunächst Fette und dann erst Proteine auf. **Beachte: Wird dein Körper nach dem Training nicht ausreichend mit Kohlenhydraten versorgt, verwendet er zur Energiegewinnung Muskelprotein. Dadurch ist es für dich schwieriger, dein Trainingsziel zu erreichen.**

Welche Kohlenhydrate wählen?

Die große und vielfältige Gruppe der Kohlenhydrate besteht aus organischen Verbindungen und umfasst von ihrem molekularen Aufbau her sowohl einfache (Glukose, Fruktose, Saccharose) als auch sehr komplexe Molekülverbindungen, wie Stärke oder Ballaststoffe. **Wir hören oft von „schlechten" und „guten" Kohlenhydraten oder „schlechten" und „guten" Zuckern. Gibt es das wirklich?** Ich habe dieses Thema schon oft in meinem Blog angesprochen. Die jeweils richtige Art von Kohlenhydraten wird durch unseren Energiebedarf sowie die Art und Intensität des Trainings bestimmt. **Einfache Kohlenhydrate nennt man Zucker. Sie sorgen in kurzer Zeit für einen Energieschub.** Greif bei langer und intensiver körperlicher Aktivität zu Zucker, weil der Körper Energiereserven schnell aufbraucht. Tägliche körperliche Bewegung bei der Arbeit oder zu Hause, ein schneller Spaziergang oder kurzes Joggen verbrauchen nicht so viele Glukosereserven (gespeichert in Form von **Glykogen**). **Deshalb sind in Alltagssituationen und bei mäßiger körperlicher Aktivität komplexe Kohlenhydrate sinnvoller.** Charakteristisch für sie ist, dass sie langsam in Einfachzucker aufgespalten werden und daher eine gleichmäßige Energieversorgung gewährleisten. Du bleibst länger satt und verspürst mehr Energie, wenn dein Körper keine großen Schwankungen des Blutzuckerspiegels aufweist.

Einfach- und Mehrfachzucker

Wie ist das zu verstehen? Der wichtigste und bekannteste **Mehrfachzucker ist Stärke**. Sie besteht aus vielen Glukosemolekülen, die während des Verdauungsprozesses freigesetzt werden. Zu den Lebensmitteln, die reich an komplexen Kohlenhydraten sind, gehören vor allem Vollkornmehl, Vollkornbrot, Vollkornnudeln, Getreide, Vollkornreis, Kartoffeln, Haferflocken und Hülsenfrüchte. **Beachte: Je stärker ein Lebensmittel verarbeitet ist, desto mehr Einfachzucker enthält es. Entscheide dich daher für grob gemahlene Vollkornprodukte und mache um Weizen einen großen Bogen.**

> In meiner Küche habe ich es mir angewöhnt, Brot und Nudeln durch Reis oder Getreide und manchmal durch Hülsenfrüchte zu ersetzen. Diese Lebensmittel enthalten nicht nur komplexe Kohlenhydrate, sie sind auch eine bessere Quelle für Ballaststoffe, Vitamine, Mineralien und Antioxidanzien.

Die Kohlenhydratzusammensetzung wird auch durch Erhitzen beeinflusst. **Je mehr Einfachzucker, desto höher der glykämische Index (GI).** Was bedeutet das? Der glykämische Index bestimmt den durchschnittlichen Anstieg der Glukosekonzentration nach dem Verzehr eines Nahrungsmittels mit 50 g Kohlenhydraten im Vergleich zu 50 g reiner Glukose. Produkte mit einem hohen GI werden schnell verdaut und aufgenommen, was zu einem raschen Anstieg verbunden mit einem schnellen Abfall des Blutzuckerspiegels führt. **Unsere tägliche Ernährung sollte reich an Lebensmitteln mit einem niedrigen GI sein, und nur in bestimmten Situationen (erhöhter Energiebedarf, z. B. nach längerem Training) sollten wir Mahlzeiten mit hohem Einfachzuckergehalt, d. h. mit hohem GI, essen.** Natürliche Quellen für Einfachzucker sind Obst, Direktsäfte und Honig. Im Folgenden findest du eine Tabelle, die dir hilft, Lebensmittel mit dem passenden GI auszuwählen.

WUSSTEST DU SCHON?

1 Gramm Kohlenhydrate (einfache und komplexe) entspricht 4 Kilokalorien.

TABELLE 1 **GLYKÄMISCHER INDEX AUSGEWÄHLTER NAHRUNGSMITTEL**

Lebensmittel	GI
Eier	0
Kaffee, Tee	0
Meeresfrüchte	0
Fisch	0
Pflanzenfett (tierisches Fett)	0
Rindfleisch	0
Krustentiere	5
Avocado	10
Zwiebeln	15
Zucchini	15
schwarze Johannisbeeren	15
grüne Bohnen	15
Pilze	15
Ingwer	15
Rosenkohl	15
Kohl	15
Sauerkraut	15
Mandeln	15
Gurke	15
Oliven	15
Walnüsse, Haselnüsse, Cashewkerne	15
Erdnüsse	15
rote, grüne, gelbe Paprikaschoten	15
Lauch	15
Radieschen	15
Salat	15
Stangensellerie	15
Spargel	15

Lebensmittel	GI
Spinat	15
Kirschen	20
Kakao (ungezuckert)	20
Erdbeeren	25
Rote Bete (roh)	30
Kichererbsen (gekocht)	30
Grapefruit	30
Birnen	30
Clementinen	30
Karotten (roh)	30
Marmelade (ungesüßt)	30
Magermilchpulver	30
Aprikosen	30
Tomaten	30
gelbe Linsen	30
Magerquark	30
weiße Bohnen	35
Pfirsiche	35
Wildreis	35
Granatapfel	35
grüne Erbsen	35
Äpfel	35
Joghurt (1,5 %) oder Magermilchjoghurt	35
Saaten (Leinsamen, Sesam, Mohn)	35
Nektarinen	35
getrocknete Tomaten	35
Tomatenmark	35
Weizenmehlbrot	40

Lebensmittel	GI	Lebensmittel	GI
Bohnen aus der Konserve	40	Apfelsaft (ungesüßt)	50
Buchweizen	40	Preiselbeersaft (ungesüßt)	50
Vollkornnudeln (al dente)	40	Surimi (Krebsfleisch)	50
Kokosmilch	40	Maniok	55
Aprikosen (getrocknet)	40	Senf (mit Zucker)	55
Hafer- und Weizenkleie	40	Nutella	55
Haferflocken (ungekocht)	40	Papaya (frisch)	55
Pflaumen (getrocknet)	40	Spaghetti (weich gekocht)	55
Spaghetti (al dente)	40	Sushi	55
Ananas (frisch)	45	Bananen (reif)	60
Bananen (unreif)	45	Gerste (gepufft)	60
Roggenbrot (Vollkornmehl)	45	Instant Kakao-Getränkepulver (gesüßt)	60
Bulgur	45	Grießbrei	60
Kokosnuss	45	Eis	60
Vollkorn-Basmatireis	45	Mayonnaise (mit Zucker)	60
Grapefruitsaft (frisch, ungezuckert)	45	Melone	60
Orangensaft (frisch, ungezuckert)	45	Honig	60
Vollkornmehl-Toast	45	Milch (3,2 %)	60
grüne und rote Weintrauben	45	Haferbrei	60
Erbsen aus der Konserve (ohne Zucker)	45	Pizza	60
Preiselbeeren (frisch)	45	Jasminreis	60
Süßkartoffeln	50	Langkornreis	60
Kiwis	50	Ananas aus der Dose	65
Hartweizennudeln	50	Rote Bete (gekocht)	65
Mango	50	Marmelade (gezuckert)	65
Müsli (ungesüßt)	50	Mais	65
Basmatireis	50	Riegel (gesüßt)	65
Naturreis	50	Müsli (mit Zucker oder Honig)	65
Ananassaft (frisch, ungesüßt)	50	Rosinen	65

Lebensmittel	GI
Ahornsirup	65
Tamarinden (gesüßt)	65
Pellkartoffeln	65
Amaranth (gepufft)	70
Baguette	70
weißer Reis	70
Biskuit	70
brauner Zucker	70
Brötchen	70
Chips	70
Reisbrot	70
Zucker	70
Datteln (getrocknet)	70
Maismehl	70
Weißmehlnudeln	70
Melasse oder Zuckersirup	70
Getränke (gesüßt)	70
Risotto	70
Croissant	70
Zwieback	70
Kartoffeln (gekocht)	70
Wassermelone	75
Kürbis	75
Zucchini	75
Dicke Bohnen (gekocht)	80
Karotten (gekocht)	80
Kartoffelpüree	80
Weißmehl	85
Reisdrink	85
Popcorn	85
Cornflakes	85
Speiserübe, Steckrübe, gekocht	85
Knollensellerie (gekocht)	85
Weißmehlbrot	90
Kartoffelmehl	90
Reismehl	95
Ofenkartoffeln	95
Bratkartoffeln	95

Welche Kohlenhydrate bei intensiver körperlicher Aktivität?

Aus eigener Erfahrung weiß ich, dass körperlich sehr aktive Menschen in ihrer Ernährung die Menge an Kohlenhydraten erhöhen sollten, was eine Herausforderung darstellt. **Wie sollen sie sie in intensiven Trainingsphasen zu sich nehmen? In diesen Phasen sollte die Menge der aufgenommenen Kohlenhydrate durchschnittlich 8–10 Gramm pro Kilogramm Körpergewicht betragen.** Während eines langen und intensiven Trainings sollten wir 30–60 Gramm Kohlenhydrate in jeder Trainingsstunde zu uns nehmen. **Beachte,** dass eine Kohlenhydratzufuhr nach dem Training ebenso wichtig ist! Nach intensiver Anstrengung müssen verbrauchte Glykogenreserven aufgefüllt werden, daher sollten in den ersten zwei Stunden 1–1,5 Gramm Kohlenhydrate pro Kilogramm Körpergewicht zugeführt werden. **Iss**

während des Trainings Lebensmittel mit hohem und mittlerem GI. Oder nimm Kohlenhydrate mit Flüssigkeiten auf, wie in isotonischen Getränken.

WUSSTEST DU SCHON?

1 Gramm Kohlenhydrate entspricht 4 Kilokalorien.

BEACHTE:

- Die Energie aus Kohlenhydraten sollte 45–65 % des täglichen Energiebedarfs ausmachen.
- Die Energie aus Einfachzucker (Glukose, Fruktose, Saccharose) sollte 10 % des Tagesbedarfs nicht überschreiten.
- Wähle Produkte mit niedrigem GI.
- Die Menge der Kohlenhydrate, die zur Abdeckung der lebenswichtigen Stoffwechselfunktionen (insbesondere Gehirnfunktion) benötigt wird, beträgt etwa 130 g pro Tag.
- Wenn du intensiv trainierst, solltest du die Menge der Kohlenhydrate in deiner Ernährung erhöhen. Während und nach dem intensiven Training kannst du zu Kohlenhydraten mit hohem GI greifen.

> Fette sind ein weiteres wichtiges Element bei einer ausgewogenen Ernährung für sportliche Menschen! Viele reduzieren während einer Diät die Fette in der Nahrung. Dies ist generell ein schwerwiegender Fehler mit negativen Auswirkungen, insbesondere bei Frauen.

Fette sind, neben den Kohlenhydraten, ein wichtiger Energieträger, der auch als Fettgewebereserve gespeichert wird. Man muss betonen, dass Fettverbindungen viele wichtige Funktionen in unserem Körper erfüllen. Sie hängen nicht nur mit der Energie im Körper zusammen, sondern beeinflussen auch das Immunsystem, die Hormonsteuerung oder den Protein- und Kohlenhydratstoffwechsel. **Beachte, dass sowohl die Menge als auch die Art der Fette wichtig sind.** Grob gesagt gibt es drei Arten von Fetten: gesättigte Fettsäuren, einfach ungesättigte Fettsäuren und mehrfach ungesättigte Fettsäuren.

Zunächst ein paar Worte zu gesättigten Fettsäuren und Kokosöl, das ich bekannterweise gern zum Zubereiten von Mahlzeiten verwende.

Gesättigte Fette kommen vor allem in Lebensmitteln tierischen Ursprungs wie Milch, Butter, Schmalz und rotem Fleisch vor. Eine weitere Quelle ist auch das beliebte Kokosöl. **Gesättigte Fette, insbesondere aus tierischen Produkten, sollten in möglichst geringen Mengen verzehrt werden.** Sie erhöhen den Cholesterinspiegel im Blut und das Risiko für Herz-Kreislauf- und Stoffwechselerkrankungen.

Was ist also mit Kokosöl? Kokosöl ist ein Sonderfall unter den gesättigten Fetten. Im Kokosöl stecken Fettsäuren mittlerer Kettenlänge, deren Verzehr sich weniger negativ auf den menschlichen Körper auswirkt als es bei gesättigten Fetten tierischen Ursprungs der Fall ist.

Wie sollte man Kokosöl verwenden und welche Sorte sollte man wählen? Kokosöl enthält mehr als 90 % gesättigte Fette, daher ist es gut zum Kochen und Backen geeignet. Gesättigte Fettsäuren sind hitzestabiler als ungesättigte Fettsäuren, und beim Erhitzen entstehen keine toxischen Verbindungen. Im Gegensatz zu tierischen Fetten enthält Kokosöl auch kein Cholesterin. Oxidiertes Cholesterin ist besonders schädlich und kann zu Herz-Kreislauf-Erkrankungen führen. Ich verwende zum Kochen unraffiniertes kalt gepresstes Kokosöl, da es in dieser Form seine gesundheitsfördernden Eigenschaften beibehält.

Einfach ungesättigte Fette sind was fürs Herz :-)

Bei einfach ungesättigten Fettsäuren denken wir als Erstes an Pflanzenöle. Natürlich finden sich große Mengen an ungesättigten Fetten in pflanzlichen Ölen, doch sie sind auch in tierischen Produkten enthalten. **Studien zeigen, dass eine Ernährung, die auf einfach ungesättigten Fettsäuren basiert, einen positiven Einfluss auf unseren Körper hat und uns vor Herz-Kreislauf-Erkrankungen schützt.** Die von mir bevorzugte mediterrane Ernährungsweise ist dafür beispielhaft. Hier spielt Olivenöl als Fett die Hauptrolle – es ist reich an einfach ungesättigten Fettsäuren, Vitaminen und Antioxidanzien. Olivenöl, Nüsse und Avocados sind eine gute Quelle für einfach ungesättigte Fettsäuren. Lebensmittel, die reich an einfach ungesättigten Fettsäuren sind, sollten kalt verzehrt werden (eventuell nur kurz erhitzt werden, wie zum Braten von Rühreiern oder zum Kurzbraten). Füge sie Salaten oder Gerichten zu, die bereits erhitzt wurden, damit sie ihre gesundheitsfördernden Eigenschaften beibehalten.

Die letzte und wichtigste Art von Fettsäuren, die in unserer täglichen Nahrung nicht fehlen dürfen, sind mehrfach ungesättigte Fette.

Mehrfach ungesättigte Fette bilden die gesundheitlich wichtigste Gruppe von Fettverbindungen. Sie unterstützen das Immunsystem, sorgen für eine einwandfreie Funktion des Herz-Kreislauf-Systems und des Nervensystems, versorgen die Haut mit Feuchtigkeit, verbessern die Lipidparameter, gleichen den Blutzuckerspiegel aus und schützen uns vor der Entwicklung vieler Zivilisationskrankheiten. Die Vorteile sind schier endlos. ☺ **Mehrfach ungesättigte Fettsäuren werden in zwei Gruppen unterteilt: Omega-3-Fettsäuren und Omega-6-Fettsäuren.** Beide Gruppen sind sehr wichtig für das reibungslose Funktionieren des Körpers und sollten mit der täglichen Ernährung aufgenommen werden. Wenn Omega-6-Fettsäuren jedoch im Übermaß konsumiert werden, wirken sie entzündungsfördernd. Omega-3-Fettsäuren hingegen haben eine entzündungshemmende Wirkung und dämmen eine aufkeimende Entzündung ein. **Das Gleichgewicht zwischen den beiden Gruppen ist nicht nur im Hinblick auf das Immunsystem, sondern auch im Hinblick auf die gesamten Körperfunktionen wichtig.** In welchem Verhältnis sollten die Omega-Säuren zueinander stehen? **Der empfohlene Anteil an Omega-Säuren in der Ernährung beträgt 4:1, wobei wir mehr Omega-6-Säuren zuführen sollten.** Allerdings ist es nicht so einfach, das richtige Verhältnis von Omega-6 zu Omega-3 zu halten. Omega-6-Fettsäuren kommen in vielen Lebensmitteln vor, da sie in allen Ölen und anderen Produkten pflanzlichen Ursprungs enthalten sind. **In der Regel nehmen wir mit der täglichen Nahrung zu viele Omega-6-Fettsäuren und zu wenig Omega-3-Fettsäuren auf.** Beim Planen der Mahlzeiten sollten wir uns für Fette entscheiden, die reich an Omega-3-Säuren sind, von denen die wichtigsten die Docosahexaensäure (DHA) und die Eicosapentaensäure (EPA) sind. Die beste Quelle für Omega-3-Fettsäuren (EPA und DHA) sind fettreiche Meeresfische wie Lachs, Thunfisch, Hering und Makrele. Große Mengen dieser Säuren sind auch in Leinöl und Rapsöl (ALA) enthalten, werden aber schlechter aufgenommen. Wenn man den Körper nicht ausreichend mit diesen Säuren oder Lebensmitteln versorgen kann, sollte man Nahrungsergänzungsmittel in Erwägung ziehen.

Welche Fette sollte man meiden?

Die schädlichsten Fette für unsere Gesundheit sind Transfette. Sie haben negative Auswirkungen auf das Herz-Kreislauf-System, erhöhen den Cholesterin- und Triglyceridspiegel, fördern Fettleibigkeit und viele ernährungsbedingte Krankheiten. Transfette kommen vor allem in verarbeiteten und frittierten Produkten wie Süßwaren, herzhaften Snacks, Fast Food und hochtemperaturbeständigen Pflanzenölen vor. **Wie kann man den Anteil an Transfetten in der Ernährung reduzieren?** Verzichte aufs Braten und Backen und bereite deine Speisen stattdessen mit der Dampfgarmethode zu. Wenn du unterwegs bist, iss niemals gebratene Produkte (besonders die frittierten), und wenn du Lust auf etwas Süßes hast, greife zu Obst oder anderen gesunden Lebensmitteln. Viele Rezepte für gesunde Süßigkeiten findest du in meinem letzten Buch.

WUSSTEST DU SCHON?

1 Gramm Fett entspricht
9 Kilokalorien.

BEACHTE!

- Die Energie aus Fetten sollte nicht mehr als 20–35 % des Tagesenergiebedarfs betragen.
- Vermeide gesättigte Fette (mit Ausnahme von Kokosöl, das in kleinen Mengen zum Kochen oder Backen verwendet werden kann). Versuche sie durch ungesättigte Fette zu ersetzen.
- Verzehre ungesättigte Fette im rohen Zustand oder füge sie einer Mahlzeit hinzu, die bereits erhitzt wurde.
- Denk an eine ausreichende Versorgung mit Omega-6- und Omega-3-Fettsäuren, deren Verhältnis im Idealfall 4:1 betragen sollte.
- Denk daran, dass im Hinblick auf die Gesundheit EPA- und DHA-Fettsäuren am wichtigsten sind, sie kommen in fettreichen Meeresfischen (und Forellen) vor. Verzehre 2–3 mal pro Woche Fisch, um den Körper ausreichend mit mindestens 250 g EPA und DHA zu versorgen.
- Verzichte auf stark verarbeitete Nahrungsmittel (insbesondere Fastfood oder Süßigkeiten), die Transfette enthalten.

Der letzte Nährstoff, der in der Welt des Sports besonders wichtig ist, ist Eiweiß. Wenn du Muskelmasse aufbauen möchtest, setz in deiner Ernährung auf Proteine. Eine ausreichende Proteinversorgung bestimmt oft den Erfolg eines Sportlers, insbesondere beim Aufbau von Muskelmasse im Kraftsport.

Protein – ein Baustoff

Proteine erfüllen viele wichtige Funktionen im menschlichen Körper, die wichtigste ist dabei die Baustofffunktion. **Wenn du nicht genug Fette und Kohlenhydrate zu dir nimmst, bezieht der Körper seine Energie aus Eiweiß, was zu einem enormen Verlust an Kraft und wertvoller Muskelmasse führt.** Damit dies nicht eintritt, sollte die bei körperlicher Aktivität verbrauchte Energie immer aus Kohlenhydraten oder Fetten und nicht aus Proteinen stammen. Denk aber daran, dass Protein nicht gleich Protein ist. Andere Proteine haben die Aufgabe, den Körper mit essenziellen Aminosäuren zu versorgen, damit er einwandfrei funktioniert. Aminosäuren werden in essenzielle und nicht-essenzielle Säuren unterteilt. Essenzielle Aminosäuren werden im menschlichen Körper nicht produziert und müssen mit der Nahrung aufgenommen werden.

Welche Lebensmittel enthalten Proteine mit hohem Nährwert?

Proteine tierischen Ursprungs, wie Eier, Milch und Milchprodukte, Fleisch, Fisch und Geflügel, gelten als vollwertige Proteinquellen. Zu den weniger wertvollen Proteinen gehören die meisten Proteine pflanzlichen Ursprungs und einige Sorten Pseudogetreide, wie Quinoa oder Amaranth. Sie enthalten in der Regel nicht alle essenziellen Aminosäuren, sodass die fehlenden mit der täglichen Nahrung zugeführt werden müssen. Unter den pflanzlichen Proteinen zeichnen sich Proteine aus Hülsenfrüchten und Nüssen durch einen besonders hohen Nährwert aus. **Im Hinblick auf eine angemessene Ernährung empfehle ich Fisch, Hülsenfrüchte und Geflügelfleisch als Hauptproteinquelle.**

Was hoch ist der tägliche Proteinbedarf?

Muskel- und systemische Proteine (den ganzen Körper betreffende Proteine) werden ständig erneuert, sodass die Bestimmung des Bedarfs individuell schwankt. Zu den wichtigsten Faktoren, die den Bedarf an Proteinen beeinflussen, gehören:

- Zustand des Energiehaushalts im Körper (wenn es keine anderen Energiequellen gibt, verwendet der Körper Protein als Energiequelle)
- Gewicht

WUSSTEST DU SCHON?

1 Gramm Protein entspricht 4 Kilokalorien.

- Alter
- Gesundheitszustand
- Körperliche Aktivität

Der Richtwert für einen gesunden Erwachsenen mit geringer oder mäßiger körperlicher Aktivität liegt bei etwa 0,9–1 Gramm Eiweiß pro Kilogramm Körpergewicht.

Gerade wenn du ein sportlicher Mensch bist, ist dein Bedarf an Protein hoch. Je nach Disziplin und Intensität des Trainings kann er um bis zu 70 % steigen!

Die Menge an Protein und dein Ziel

Wenn dein Training in erster Linie auf Fettverbrennung ausgerichtet ist, benötigst du keine zusätzlichen Proteine. Wenn du jedoch Ausdauersport, Kraftsport oder Bodybuilding betreibst, kann es sein, dass die übliche empfohlene Menge an Protein für dich nicht ausreicht. **Je nach Intensität des Trainings sollte die Proteinmenge von 20 % auf 70 % erhöht werden, was 1,2–1,7 Gramm pro Kilogramm Körpergewicht ausmacht.** Jedoch solltest du 2 Gramm Protein pro Kilogramm Körpergewicht nicht überschreiten.

BEACHTE:

- Proteine sollen etwa 10–20 % der täglichen Energiezufuhr ausmachen. Die tägliche Proteinaufnahme sollte etwa 1 g Protein pro Kilogramm Körpergewicht betragen.
- Entscheide dich für vollwertige Proteine tierischen Ursprungs, für Hülsenfrüchte und Nüsse.
- Bei sehr intensivem Training oder einer bestimmten Sportart musst du die Proteinmenge in deiner Ernährung erhöhen, um sicherzustellen, dass alle Stoffwechselvorgänge reibungslos funktionieren.

Und jetzt eines meiner Lieblingsthemen: **Dein Stuhl sagt dir die Wahrheit ☺**

Hast du dich jemals gefragt, woraus dein Stuhl besteht?

Vor allem aus Wasser, dessen Anteil insgesamt bei 70–75 % liegt.

Während des gesamten Verdauungsprozesses nimmt die Kotmasse Wasser auf, davon gehen beim Entleeren 100 Milliliter verloren. Bei der richtigen Wassermenge hat der Stuhl die gewünschte Konsistenz und der Körper kann darüber hinaus das ausscheiden, was er sollte, nämlich die Abfallprodukte des Stoffwechsels.

Was ist mit dem Rest?

Ein Drittel der Kotmasse besteht aus Darmbakterien, das zweite Drittel setzt sich aus Pflanzenfasern zusammen: Je mehr Gemüse wir essen, desto größer ist die Menge an ausgeschiedenem Stuhl. Das letzte Drittel sind unverdaute Reste, wie Medikamente, Farbstoffe oder Cholesterin.

Wovon du dich augenscheinlich selbst überzeugen kannst: Die Konsistenz des Stuhlgangs

1997 entwickelte der britische Wissenschaftler Dr. Ken Heaton eine Skala über die Form und Beschaffenheit menschlichen Stuhls:

1. Einzelne, feste Klumpen, die an die Form von Nüssen erinnern: Verstopfung, schwer auszuscheiden
2. Wurstartig, klumpig, in Form zusammengeklebter Nüsse: leichte Verstopfung
3. Wurstartig mit rissiger Oberfläche: fast normal
4. Wurstartig mit glatter Oberfläche, weich: normal
5. Einzelne weiche Klümpchen, leicht auszuscheiden: normal
6. Einzelne weiche Klümpchen mit unregelmäßigem Rand: Entzündung, Durchfall
7. Flüssig: Durchfall

Da die Struktur des Stuhlgangs viel über unsere Gesundheit aussagt, sollte man diesen auch hin und wieder mal eines Blickes würdigen. Dank ihm können wir viele wichtige Dinge herausfinden:

- mit welcher Geschwindigkeit unverdaute Nahrung durch den Darm gelangt.
- ob es Verdauungsstörungen in unserem Körper gibt.
- ob wir Beschwerden im Magen-Darm-Trakt haben.
- welche Art von bakteriellen Krankheitserregern darin vorhanden sind (Stuhlprobe ins Labor).
- ob wir an mehr oder weniger schweren Krankheiten leiden (medizinische Diagnose).

Wenn wir unseren Körper optimal versorgen wollen, müssen wir auch die Gesundheit des Darms berücksichtigen. Vergorenes Gemüse, probiotische Joghurts und – das Wichtigste überhaupt – Ballaststoffe helfen uns dabei. Ein gesunder Mensch hat einen gesunden Darm. Der Darm trägt zu unserem Wohlbefinden bei und erhöht die Leistungsfähigkeit.

Ballaststoffe gehören zur Gruppe der Kohlenhydrate, die gegen Verdauungsenzyme resistent sind. Was bedeutet das? **Sie bestehen aus Pflanzenteilen, die in unverdauter Form den Verdauungstrakt durchlaufen.** Obwohl sie nicht wie der Rest der Kohlenhydrate verdaut und aufgenommen werden, sind sie ein wesentlicher Bestandteil der täglichen Ernährung. Die Ballaststoffe regen die Darmperistaltik an, stimulieren die Fermentationsprozesse in unserem Körper (stellen die Funktionsfähigkeit des Darmmikrobioms sicher), senken den Cholesterinspiegel, sorgen dafür, dass der Blutzuckerspiegel nach dem Essen nur langsam ansteigt und binden Toxine (Krebsvorsorge).

Welche Lebensmittel enthalten Ballaststoffe?

Ballaststoffe in der Nahrung sind in Pflanzen enthalten, vor allem in Getreide und Getreideprodukten, Rohkost und Obst. **Beachte, dass der Ballaststoffgehalt einzelner Nahrungsmittel nicht besonders hoch ist, sodass Ballaststoffe aus verschiedenen Lebensmitteln aufgenommen werden müssen.** Roh- und Vollkornprodukte haben die meisten Ballaststoffe, dazu zählen Kleie, Gerstenflocken, Vollkornroggenbrot, Amaranth,

Bulgur, Hirse, Buchweizen, Mandeln, Haselnüsse, getrocknete Aprikosen, getrocknete Pflaumen, Hülsenfrüchte, Vollkornmehl und Mehl aus Hülsenfrüchten. Rohes Obst und Gemüse enthalten weniger Ballaststoffe (100 Gramm Gemüse: 0,5–6 g und 100 Gramm Obst: 2 g).

TABELLE 2 BALLASTSTOFFMENGE IN GRAMM JE 100 GRAMM LEBENSMITTEL

Produkt	Ballaststoff-gehalt (g/100 g)	Produkt	Ballaststoff-gehalt (g/100 g)
Weizenkleie	42	getrocknete Aprikosen	10,3
Gerstenflocken	9,6	Trockenpflaumen	9,4
Rogenvollkornbrot	9,1	Datteln	8,7
Haferflocken	6,9	Mandeln	12,9
Mischbrot	6,4	Haselnüsse	8,9
Eiernudeln	2,6	Zucchini	1,1
weißer Reis	2,4	Tomate	1,2
brauner Reis	8,7	rote Linsen (getrocknet)	8,9
Weizenvollkornbrötchen	5,4	Sojabohnen (getrocknet)	15,7
Weizenbrötchen	2,1	Kokosraspel	21,2
Weizenmehl Type 550	2,6	Apfel	2
Graupen	5,4	Banane	1,7
Buchweizen	5,9	Orange	1,9
Hirse	3,2	Karotte	3,6

BEACHTE!

- Der Richtwert für die Ballaststoffzufuhr pro Tag beträgt 25-30 Gramm.
- Sowohl zu viel als auch zu wenig Ballaststoffe können sich negativ auf unseren Körper auswirken.
- Ballaststoffe sollten aus vielen verschiedenen Nahrungsmitteln aufgenommen werden, um eine ausreichende Versorgung zu gewährleisten.

WUSSTEST DU SCHON?

1 Gramm Ballaststoff entspricht etwa 2 Kilokalorien.

Eine weitere wichtige Gruppe von Nährstoffen sind Vitamine und Mineralien. Sie liefern zwar keine Energie, sind aber unerlässlich bei allen Körperfunktionen.

Ich habe bereits mehrfach betont, dass bei Sportlern Stoffwechselprozesse schneller und intensiver ablaufen. Deshalb müssen sie darauf achten, den Organismus mit ausreichend Vitaminen und Mineralien zu versorgen! Leistungssportler sollten ihren Körper zusätzlich mit Nahrungsergänzungsmitteln unterstützen.

Die meisten Prozesse in unserem Körper benötigen Vitamine oder chemische Elemente, da sie viele Enzyme aktivieren, wodurch der einwandfreie Ablauf der biochemischen Vorgänge sichergestellt wird. Vitamine und Mineralien haben in erster Linie eine ausgleichende Funktion, und ein Übermaß oder Mangel kann viele negative Folgen haben, sodass Sportler nie unterversorgt sein sollten. **Wenn du intensiv trainierst, solltest du besonders auf B- und D-Vitamine sowie auf die Antioxidanzien achten! Aber was zu viel ist, ist zu viel: Beachte daher die Dosierungsangaben auf dem Beipackzettel.**

TABELLE 3 **DER BEDARF AN VITAMINEN**

Fettlösliche Vitamine	Funktion	Quelle	Tagesbedarf
Vitamin A	antioxidative Wirkung, Knochenaufbau, Sehvermögen, Gesundheit der Haut und Schleimhäute, Regulierung des Immunsystems	Öl, Leber, Butter, Milch, Eier,	900 µg Männer, 700 µg Frauen
Vitamin D	Knochenaufbau, Aufnahme von Calcium, Regulierung des Immunsystems	fettreiche Meeresfische	15 µg – Frauen und Männer
Vitamin E	antioxidative Wirkung, Regulierung des Herz-Kreislauf-Systems	Pflanzenöle, Nüsse, Eier, Vollkornprodukte	10 µg Männer, 8 µg Frauen
Vitamin K	Knochenaufbau, Blutgerinnung	Leber, pflanzliche Öle, grünes Blattgemüse, Milch	65 µg Männer, 55 µg Frauen

Wasserlösliche Vitamine	Funktion	Quelle	Tagesbedarf
Vitamin B_1 (Thiamin)	Energiestoffwechsel, Kohlenhydratstoffwechsel	Fleisch, Fisch, Milchprodukte, Eier	1,3 mg Männer, 1,1 mg Frauen
Vitamin B_2 (Riboflavin)	Energiestoffwechsel, Umwandlung von Makroelementen	Milch und Milchprodukte, Eier, Hülsenfrüchte, Hirse	1,3 mg Männer, 1,1 mg Frauen
Vitamin B_3 (Niacin)	Cholesterinstoffwechsel, Synthese von Sexualhormonen, Cortisol und Insulin	Innereien, Fleisch, Geflügel, Fisch, Eier, Nüsse	16 mg Männer, 14 mg Frauen
Cholin	Aufrechterhaltung der Zellstruktur, reibungsloses Funktionieren aller Körpersysteme, insbesondere des Nervensystems, reibungsloser Lipidstoffwechsel	Innereien, Fleisch, Geflügel, Fisch, Eier, Nüsse, Hülsenfrüchte, Sprossen, usw.	550 mg Männer, 425 mg Frauen

Vitamin B_5 (Pantothensäure)	Kohlenhydrat-, Eiweiß- und Fettstoffwechsel	Eier, Fleisch, Fisch, Hefe, Vollkornprodukte	5 mg – Frauen und Männer
Vitamin B_6 (Pyridoxin)	Hämoglobinsynthese, Antikörperproduktion, Fett-, Kohlenhydrat- und Eiweißstoffwechsel	Blattgemüse, Weizenkeime, Hefe, Avocado, Geflügel, Milchprodukte, Eier	1,3–1,7 mg Männer, 1,3–1,5 mg Frauen
Vitamin B_{12} (Cobalamin)	Bildung roter Blutkörperchen, Kohlenhydrat- und Fettstoffwechsel, Beteiligung an der DNA-Synthese und Sicherstellung der Genstabilität	Leber, Fisch, Fleisch, Milchprodukte, Eier, nicht in pflanzlichen Produkten enthalten	2,4 µg – Frauen und Männer
Folsäure	Bildung von roten Blutkörperchen, Beteiligung an der DNA-Synthese und Sicherstellung der Genstabilität, Regulierung des Nerven- und Kreislaufsystems	Vollkornprodukte, Eier, Nüsse, grünes Blattgemüse, Brokkoli, Leber	400 µg – Frauen und Männer
Biotin	Proteinstoffwechsel, Nervensystem	Nüsse, Bananen, Eier, Milch, Leber, Vollkornprodukte, die meisten Gemüsearten	30 µg – Frauen und Männer
Vitamin C (Ascorbinsäure)	antioxidative Wirkung, Gewebestruktur, Regulierung des Immunsystems, Wundheilung	Petersilie, rote Paprika, Kohlgemüse, Beeren und Zitrusfrüchte	90 mg Männer, 75 mg Frauen

TABELLE 4 MINERALSTOFFBEDARF

Mineral	Funktion	Hauptlieferant	Täglicher Bedarf
Calcium	Knochenstoffwechsel, Stoffwechsel der Muskeln	Milchprodukte, Hülsenfrüchte und grünes Blattgemüse	1000–1200 mg – Frauen und Männer
Chlor	Reguliert den Wasser-, Elektrolyt- und den Säure-Basen-Haushalt	Speisesalz und Lebensmittel, die Salz enthalten	1850–2300 mg – Frauen und Männer
Chrom	Glukose- und Insulinstoffwechsel und Reifungsprozesse	Hefe, Vollkornprodukte, Leber, Austern, Eier	35 µg Männer, 25 µg Frauen
Eisen	Bestandteil des Hämoglobins. DNA-Synthese, Stärkung des Immunsystems gegen Bakterien und Viren	rotes Fleisch, Innereien, Eier, getrocknete Hülsenfrüchte, Vollkorn-Getreideprodukte, grünes Blattgemüse	10 mg Männer, 10–18 mg Frauen
Fluor	Bildung von Knochengewebe, Kariesvorbeugung	Wasser, Tee, Fisch, Getreideprodukte	4 mg Männer, 3 mg Frauen
Jod	Bestandteil der Schilddrüsenhormone, reibungsloses Funktionieren des Nervensystems	Fisch und Meeresfrüchte	150 µg – Frauen und Männer
Kalium	Eines der wichtigsten Elektrolyte; Beteiligung an der Nervenleitungsgeschwindigkeit, Regulierung (zusammen mit Natrium) des Blutdrucks	Fleisch, Fisch, die meisten Gemüsesorten und Obst	3500 mg – Frauen und Männer
Kupfer	Coenzym, Bildung von roten Blutkörperchen, unterstützt das Nervensystem	Krustentiere, Leber, Samen, Nüsse, Trockenfrüchte, Tofu, Vollkornprodukte	0,9 mg – Frauen und Männer

Magnesium	Aktiviert über 300 Enzyme, beteiligt an der Transformation von Makroelementen, unentbehrlich für die Versorgung der Muskeln mit Energie	Vollkorn-Getreideprodukte, Hülsenfrüchte, Nüsse, Kakao und grünes Gemüse	400–420 mg Männer, 310–320 mg Frauen
Mangan	Bestandteil und Aktivator vieler wichtiger Enzyme	in vielen Lebensmitteln enthalten	2,3 mg Männer, 1,8 mg Frauen
Molybdän	Calciumstoffwechsel	Hauptsächlich in Gemüse und Getreideprodukten	45 µg – Frauen und Männer
Natrium	Beteiligung am Wasser-, Elektrolyt- und Säure-Basen-Haushalt, Salzsäureproduktion, Funktionsfähigkeit des Nerven- und Muskelsystems	Speisesalz, Lebensmittel, die Salz enthalten, Gemüsekonserven, Aufschnitt, Käse	1,2–1,5 g – Frauen und Männer
Phosphor	Knochenaufbau	in vielen Lebensmitteln enthalten	700 mg – Frauen und Männer
Selen	Antioxidative Wirkung. Schutz vor Schwermetallen	Fisch, Austern, Meeresfrüchte, Paranüsse, Fleisch	55 µg – Frauen und Männer
Zink	Wundheilung, antioxidative Wirkung, unterstützt den Geschmacks- und Geruchssinn	Fleisch, Meeresfrüchte, Eier, Geflügel, Nüsse	11 mg Männer, 8 mg Frauen

Ich stelle mir oft die Frage, ob man bei sportlicher Betätigung immer ein Nahrungsergängungsmittel zu sich nehmen sollte. Wenn man trainiert und sich ausgewogen ernährt, sollte kein Mangel an Vitaminen und Mineralstoffen herrschen. Wie ich aber bereits erwähnt habe – und das weiß ich leider aus eigener Erfahrung –, ist es schwierig, einige Nährstoffe in ausreichender Menge allein über die Nahrung zu sich zu nehmen. Deshalb sollte man eine Supplementierung in Betracht ziehen, bevor Mangelerscheinungen auftreten. Um welche Mineralstoffe und Vitamine handelt es sich? In erster Linie Vitamin D und Magnesium. Auf den folgenden Seiten findet ihr praktische Tipps, die einem Mangel vorbeugen.

Vitamin D

Vitamin D ist ein fettlösliches Vitamin: Wenn du also Lebensmittel mit einem hohen Vitamin-D-Gehalt isst, achte darauf, dass die Zubereitung auch Fett enthält. Wenn du Vitamin D als Nahrungsergänzungsmittel einnimmst, greif zu ölhaltigen Kapselpräparaten, die die Aufnahme erleichtern. Vitamin D wird durch Sonneneinstrahlung auf der Haut gebildet und unter der Haut gespeichert. Es wird also vom Körper selbst produziert. **Die meisten von uns leiden jedoch unter einem chronischen Vitamin-D-Mangel, daher sollten wir es zusätzlich einnehmen.** Auf welche Weise? Lass zunächst deinen Vitamin-D-Spiegel überprüfen. Wenn tatsächlich eine Unterversorgung festgestellt wird (<30 ng/ml), solltest du nach Rücksprache mit deinem Arzt eine Tagesdosis von 2000–4000 IE in Betracht ziehen. Generell sollten Erwachsene täglich eine Dosis von 800–2000 IE Vitamin D einnehmen, unabhängig von der Jahreszeit. Insbesondere Menschen mit erhöhtem Körpergewicht leiden unter einem Vitamin-D-Mangel, sie sollten täglich 4000 IE einnehmen und den Vitamin-D-Spiegel überwachen lassen.

Magnesium

Magnesium erfüllt im Körper viele wichtige Funktionen, etwa 300 Enzyme können erst wirken, wenn Magnesium beteiligt ist und es spielt eine große Rolle beim Stoffwechsel der Makronährstoffe. Zudem ist es für die Übertragung von Nervenimpulsen und die Muskelkontraktion verantwortlich. Magnesiummangel ist die Ursache für neuromuskuläre und kardiovaskuläre Erkrankungen und kann die Leistungsfähigkeit eines Sportlers erheblich beeinträchtigen. Studien zeigen, dass die überwiegende Mehrheit der Menschen zu wenig Magnesium zu sich nimmt. Die tägliche Zufuhr sollte bei Männern etwa 400–420 mg und bei Frauen 310–320 mg betragen. Gute Magnesiumquellen sind Vollkorngetreideprodukte, Hülsenfrüchte, Nüsse, Kakao und grünes Gemüse. Magnesium ist für Sportler besonders wichtig und sollte mit Flüssigkeit aufgenommen werden. **Bei ersten Mangelerscheinungen, die sich in der Regel mit unkontrollierten Muskelzuckungen und Krämpfen zeigen, solltet ihr eine Supplementierung in Betracht ziehen.**

Ein weiteres wichtiges Thema ist die ausreichende Versorgung mit Flüssigkeit, damit der Elektrolythaushalt während des Trainings ausgeglichen ist. Eine Dehydrierung wirkt sich nicht nur negativ auf die Leistungsfähigkeit und die Effektivität des Trainings aus,

sondern hat auch gesundheitliche Folgen. Der Flüssigkeitsbedarf des Körpers hängt von verschiedenen Faktoren ab, wie die Zusammensetzung der Nahrung, die Temperatur der Umgebung, das Klima und die körperliche Aktivität. Er steigt mit höherer Temperatur und niedrigerer Luftfeuchtigkeit, höherer körperlicher Aktivität und hohem Energiegehalt der Nahrung. Falls du trainierst und größere Mengen an Protein zu dir nimmst, solltest du immer genug trinken. Elektrolyte sind aktive Bestandteile des Wassers und für die Flüssigkeitsverteilung im Körper zuständig. Um den Wasser-Elektrolyt-Haushalt des Körpers aufrechtzuerhalten, muss die Ausscheidung von Wasser und Elektrolyten durch eine ausreichende Zufuhr ausgeglichen werden.

Wie hoch ist der tägliche Bedarf an Wasser und Elektrolyten?

Die allgemeinen Normen für den Wasser- und Elektrolytbedarf sind durch den sogenannten Adequate Intake (AI) festgelegt. Diese Normen gelten für Menschen mit mäßiger körperlicher Aktivität, die in gemäßigten Klimazonen leben. Nach diesen Standards sollte ein erwachsener Mann etwa 2500 ml Wasser, 1,5 g Natrium und 3,5 g Kalium pro Tag zu sich nehmen. Eine erwachsene Frau sollte 2000 ml Wasser, 1,5 g Natrium und 3,5 g Kalium pro Tag aufnehmen. Damit das Verhältnis zwischen Natrium und Kalium ausgeglichen ist, sollte man nicht zu viel Salz (Natriumchlorid) verzehren. Zu viel Natrium kann zu Bluthochdruck und Herz-Kreislauf-Erkrankungen führen.

POCKET
ENERGY
BAR

2

DER INDIVIDUELLE BEDARF

Damit dein Training und deine Ernährung optimal aufeinander abgestimmt sind, solltest du deinen Energiebedarf kennen. In diesem Kapitel erfährst du, wie du deinen Kalorienbedarf im Hinblick auf deine Trainingsintensität und deinen Lebensstil ermittelst. Zunächst aber wieder etwas Theorie.

Was ist der Stoffwechsel

Stoffwechsel ist nichts anderes als die Umwandlung von zugeführten Nährstoffen zu neuen Produkten in den Zellen durch biochemische Prozesse. Der Stoffwechsel hängt von vielen Faktoren ab: vom Alter, Geschlecht, Körpergewicht und von der körperlichen Aktivität. Der tägliche Energiebedarf, der für das optimale Funktionieren der inneren Organe, der Atmung, der Herzfunktion oder der Wachstumsprozesse nötig ist, wird als Grundumsatz oder Ruheenergiebedarf bezeichnet. Aber Achtung: Der **Grundumsatz** hängt auch von der Muskelmasse ab, deshalb betone ich immer: Nicht nur Ernährung, sondern auch körperliche Aktivität ist der Schlüssel zum Erfolg! Sowohl die Energiezufuhr als auch die täglichen körperlichen Aktivitäten zu Hause wie am Arbeitsplatz und das Training beeinflussen den Stoffwechsel. Die Gesamtenergie, die wir jeden Tag benötigen, damit unser Körper optimal funktioniert, wird als **Gesamtumsatz** bezeichnet.

Wir wissen bereits, was unseren Energiebedarf beeinflusst. Wie berechnen wir ihn also?

Der Gesamtumsatz hängt vom individuellen Grundumsatz und der körperlichen Aktivität ab. Die korrekte Messung des Grundumsatzes erfolgt im Ruhezustand, im Zustand der körperlichen und geistigen Entspannung und bei angenehmer Außentemperatur, nach zwölfstündigem Fasten, nach mindestens acht Stunden Schlaf und einer dreitägigen proteinfreien Ernährung. **Es gibt jedoch einen einfacheren Weg diesen zu bestimmen.**

Harris-Benedict-Formel

Grundumsatz FRAUEN
Grundumsatz = 655,1 + (9,563 × Körpergewicht [kg] + 1,85 x Körpergröße [cm] - 4,676 × Alter [Jahre])
Grundumsatz MÄNNER
Grundumsatz= 66,5 + (13,75 × Körpergewicht [kg] + 5,003 x Körpergröße [cm] - 6,775 × Alter [Jahre])

Nachdem wir den Grundumsatz errechnet haben, ziehen wir die tägliche Bewegung hinzu, also wie häufig und intensiv wir Sport treiben. Dafür verwenden wir den PAL-Wert (Physical Activity Level = körperliches Aktvitätsniveau), mit dem wir den Grundumsatz multiplizieren.

1,4	Geringe körperliche Aktivität, sitzende Lebensweise; körperliche Aktivität konzentriert sich hauptsächlich auf berufliche Aktivität, Haushaltsführung oder gelegentliche sportliche Betätigung
1,6	Mäßige körperliche Aktivität; 30-minütige sportliche Übungen mehrmals pro Woche, Spaziergänge, weniger sitzende Lebensweise
1,75	Mäßige bis starke körperliche Aktivität; 30-minütige körperliche Aktivität fast täglich (fünfmal pro Woche), aktiver Lebensstil, moderates Training
2,0	Starke körperliche Aktivität; intensive tägliche körperliche Aktivität, Amateursportler
2,2–2,4	Aktiver Sportler; der Wert ist auf die Trainingszeiten und die Trainingsintensität abgestimmt

Da du nun deinen PAL-Faktor kennst, kannst du jetzt deinen Gesamtumsatz, also die komplette Energie, die du am Tag benötigst, berechnen:

Gesamtumsatz = Grundumsatz × PAL-Faktor

Deine Energiebilanz:

Sobald du deinen Gesamtumsatz kennst, solltest du überlegen, welche Energiebilanz auf dich zutrifft:

- **Positive Energiebilanz –** die Energiezufuhr ist größer als der Energieverbrauch, was zu einer Gewichtszunahme führt.
- **Negative Energiebilanz –** die Energiezufuhr ist geringer als der Gesamtbedarf; die Zufuhr der Energiemenge ist konstant und entspricht dem 24-Stunden-Bedarf während die körperliche Aktivität erhöht wird, was zu einer Reduzierung des Körpergewichts führt.
- **Ausgeglichene Energiebilanz –** Energiezufuhr und Energieverbrauch sind im Gleichgewicht.

Nun weißt du, wie viele Kalorien du jeden Tag zu dir nehmen solltest, als Nächstes kannst du die Energiequellen unter die Lupe nehmen.

Unser Körper kann je nach Bedarf Kohlenhydrate, Fette oder Proteine als Energiequelle nutzen. **Allerdings liefern nicht alle Makroelemente die gleiche Menge an Energie: 1 Gramm Kohlenhydrate liefert 4 Kilokalorien, 1 Gramm Fett 9 Kilokalorien und 1 Gramm Protein 4 Kilokalorien.** Die Anteile an Kohlenhydraten, Fetten und Proteinen variieren in der Ernährung, dennoch ist es wichtig, dem Körper jeden Tag alle drei Makroelemente zur Verfügung zu stellen. Als Hauptenergiequelle setzen wir Kohlenhydrate um, gefolgt von den Fetten, und wenn keine anderen Quellen mehr zur Verfügung stehen, wird Eiweiß verbrannt. Glukose als Einfachzucker gehört zu den Kohlenhydraten und ist der primäre Energielieferant für die Muskeln. **Bei einem intensiven Training ist die richtige Glukosemenge ausschlaggebend. Wenn du vor, während und nach dem Training deinem Körper nicht genügend Kohlenhydrate zuführst, sucht er sich eine andere Energiequelle. Dies können Fette sein, aber leider auch Muskelproteine.** Die Art und Menge der Kohlenhydrate sollte individuell auf die Intensität und die Dauer des Trainings abgestimmt sein. Sportler sollen mehr Energie aus dem Kohlenhydratstoffwechsel schöpfen als Menschen, die sich nicht sportlich betätigen.

Wie baut man Muskelmasse auf?

Um den Muskelaufbau und die Muskelkraft zu erhöhen, benötigst du eine positive Energiebilanz, das heißt, du musst mehr Kalorien zu dir nehmen, als du verbrauchst. Denk jedoch daran, dass sie aus einem ausgewogenen Verhältnis von Kohlenhydraten, Proteinen und Fetten stammen müssen. Bei Menschen, die Muskelgewebe aufbauen wollen, sollte der Kaloriengehalt um etwa 20 % steigen. Erhöhe deine Kalorienzufuhr schrittweise (200 kcal pro Woche), bis du den richtigen Kaloriengehalt erreichst. Auch ein Kraftsportler sollte auf eine ausreichende Versorgung mit Kohlenhydraten (45 % des Bedarfs oder 5–7 Gramm pro Kilogramm Körpergewicht) und Proteinen achten. **Die optimale Tagesversorgung mit Protein beträgt je nach Trainingsintensität 1,2–1,7 Gramm Protein pro Kilogramm Körpergewicht.**

Du darfst nicht vergessen, deine Glykogendepots aufzufüllen

Unser Körper ist in der Lage, eine bestimmte Menge an Kohlenhydraten zu speichern. Das liegt daran, dass Glukose-Moleküle zu einer größeren Struktur namens Glykogen verbunden werden. Glykogen wird in der Leber und in den Muskelzellen gespeichert. Leberglykogen hat die Aufgabe, den Blutzuckerspiegel zwischen den Mahlzeiten aufrechtzuerhalten, sodass das Gehirn versorgt ist, während Muskelglykogen die Energie für die intensive Muskelarbeit liefert. Glykogen hat einen direkten Einfluss auf die Leistungsfähigkeit des Körpers.

Eine hohe Konzentration an Muskelglykogen ermöglicht es dir, deine Fitness zu steigern und dein Training zu intensivieren. Lange und ausdauernde Übungen können die Glykogenvorräte erschöpfen, daher ist es ratsam, nach dem Training dem Körper die verlorenen

DRI-FIT

Kohlenhydrate wieder zuzuführen. Das Wiederauffüllen des Glykogenspeichers ist sowohl im Ausdauer- als auch Kraftsport wichtig.

Wie wird man unerwünschte Kilos los?

Der Abbau von Fettgewebe wirkt sich positiv auf die allgemeine Gesundheit und die Leistungsfähigkeit des Körpers bei vielen Sportarten aus. Um die Menge an Körperfett zu reduzieren, musst du jeden Tag mehr Energie aufwenden, als du mit deiner Ernährung aufnimmst. Natürlich wirst du viel bessere Langzeitergebnisse erzielen, wenn du eine angemessene Ernährung mit einer zumindest moderaten körperlichen Aktivität verbindest. Um Körperfett zu reduzieren, reduziere die Kalorienzufuhr um 10–20 %. Wenn der Abbau zu schnell erfolgt und die Kalorien zu stark reduziert werden, wird der Stoffwechsel verlangsamt. Dies erhöht die Proteinoxidation und leert die Glykogenspeicher, was zu einem Verlust von Muskelmasse führen kann. **Wenn wir das Fettgewicht reduzieren wollen, sollten wir den Verbrauch von Fetten (bis zu 30 % Gesamtumsatz) und Kohlenhydraten (bis zu 50 % Gesamtumsatz) reduzieren.** Damit wir nicht Gefahr laufen, Muskelgewebe abzubauen, sollten wir die Menge an Proteinen in unserer täglichen Ernährung erhöhen. Die Proteinzufuhr sollte je nach Grad der körperlichen Aktivität und der ausgeübten Disziplin pro Tag etwa 1,2–1,7 Gramm pro Kilogramm Körpergewicht betragen. Die höchste Aufnahmemenge wird Sportlern empfohlen.

Warum sind regelmäßige Mahlzeiten und ein guter Schlaf für den Aufbau des Körpers so wichtig?

Regelmäßige Mahlzeiten und genügend Schlaf sorgen dafür, dass dein Hormonsystem optimal funktioniert. Das ist der Hauptfaktor für deinen Erfolg.

Zu den Hormonen, die für einen funktionierenden Stoffwechsel zuständig sind, gehören Cortisol, Leptin, Ghrelin, Melatonin und Schilddrüsenhormone. Hier sind ein paar Tipps, die dir helfen, dein hormonelles Gleichgewicht zu finden:

- Beginne jeden Tag mit einem Frühstück, das du spätestens 1,5 Stunden nach dem Aufwachen einnehmen solltest.
- Plane vollwertige Mahlzeiten entsprechend deinem Kalorienbedarf.
- Iss 4–5 kleinere Mahlzeiten im Abstand von 3–4 Stunden.
- Suche dir eine körperliche Bewegung, die zu dir passt.
- Achte bei einer Reduktionsdiät darauf, dass du nicht zu intensiv und lange trainierst und vergiss nicht, dich zu erholen.
- Lüfte den Raum vor dem Schlafengehen, verdunkle die Fenster und schalte das Licht aus.
- Gönn dir acht Stunden Schlaf.

Marks

Marks
AVOCADO

3

MAHLZEITEN ZUSAMMENSTELLEN → MENÜBEISPIELE

Fit + Schlank

mit Anna

→ FÜR AKTIVE MENSCHEN, DIE DREIMAL PRO WOCHE TRAINIEREN

1616 KCAL

442 KCAL FRÜHSTÜCK **E** 30g **F** 31g **KH** 9g *

Kokos-Karotten-Omelett

ZUTATEN:

- 1 Karotte (45 g)
- 3 Eier, Größe M (189 g)
- 1 Eiweiß (35 g)
- 1 EL entrahmtes Kokosmehl (13 g)
- 1 EL Kokosdrink oder ein anderer Pflanzendrink (15 ml)
- 1 Prise Zimtpulver
- 1 Prise gemahlene Kurkuma
- 1 Prise geriebene Muskatnuss
- 1 Prise gemahlener Ingwer
- ¾ Esslöffel natives, kaltgepresstes Kokosöl extra zum Braten (11 g)

ZUBEREITUNG:

Die Karotte schälen und raspeln. Eier und Eiweiß mit Mehl, Kokosdrink und Gewürzen verrühren. Die Karotte hinzufügen. Das Kokosöl in einer Pfanne zerlassen und den Teig hineingeben. Mit Deckel braten, bis der Teig gestockt ist. Das Omelett wenden, kurz braun braten und zusammenklappen. Servieren.

ZUM ESSEN:

240 ml Mineralwasser

Getränke sollte man mindestens eine halbe Stunde vor oder eine halbe Stunde nach einer Mahlzeit zu sich nehmen.

* **E** – Eiweiß, **F** – Fett, **KH** – Kohlenhydrate

251 KCAL MORGENSNACK **E** 3g **F** 7g **KH** 48g

Würziger Bananen-Smoothie

ZUTATEN:

- ½ Banane (100 g)
- 1 Birne (130 g)
- 166,5 ml Kokosmilch oder -wasser
- 2 Walnusskerne (8 g)
- 1 Prise Zimt
- 1 Prise gemahlener Ingwer
- 1 Prise geriebene Muskatnuss
- 1 Prise gemahlene Kurkuma

ZUBEREITUNG:

Alle Zutaten mit dem Stabmixer fein pürieren.

481 KCAL MITTAGESSEN **E** 41g **F** 17g **KH** 49g

Rinderfrikadellen mit Gemüse-Pommes

ZUTATEN:

- 160 g Rinderfilet
- ½ Ei, Größe S (25 g)
- 1 TL gehackte Petersilie (6 g)
- 1 Prise getrockneter Thymian
- 1 Prise Himalayasalz
- 1 Prise frisch gemahlener schwarzer Pfeffer
- 1 Prise getrocknetes Basilikum
- 1 Prise getrockneter Majoran
- 1 Prise gemahlene Kurkuma

ZUBEREITUNG:

Den Backofen auf 200 °C vorheizen. Das Fleisch waschen, trocken tupfen und im Fleischwolf oder von Hand zerkleinern. Dann in eine Schüssel geben und Ei, Petersilie und Gewürze hinzufügen. Alles vermischen und zwei gleich große Frikadellen aus der Masse formen. In eine Muffinform geben und 25 Minuten auf der obersten Schiene im vorgeheizten Ofen garen.

Gemüse-Pommes

ZUTATEN:

- 1 Scheibe Knollensellerie (60 g)
- 1 Karotte (45 g)
- ⅓ Süßkartoffel (100 g)
- 1 festkochende Kartoffel (90 g)
- 1 Prise getrockneter Majoran
- 1 TL Rosen-Paprikapulver (4 g)
- 2 Prisen Himalayasalz
- ½ EL natives, kaltgepresstes Kokosöl (7,5 g), leicht erhitzt

ZUBEREITUNG:

Den Backofen auf 200 °C vorheizen. Das Gemüse waschen, schälen und in Stifte schneiden. Mit den Gewürzen bestreuen und mit Öl beträufeln. 25-30 Minuten im vorgeheizten Ofen backen.

ZUM ESSEN:

240 ml Kräutertee

178 KCAL ABENDSNACK **E** 4g **F** 7g **KH** 25g

Apfelpudding mit Chiasamen

ZUTATEN:

- 83 ml Kokosmilch oder -wasser, oder ein anderer Pflanzendrink
- 1¾ EL Chiasamen (17,5 g)
- 1 TL Kokoszucker (10 g)
- 100 g Apfel
- 2 Prisen Zimtpulver
- 1 Prise geriebene Muskatnuss

ZUBEREITUNG:

Für den Pudding die Kokosmilch lauwarm erhitzen, Chiasamen und Zucker einrühren und in den Kühlschrank stellen. Den Apfel waschen, das Kerngehäuse entfernen und den Apfel würfeln. Die Würfel in eine Pfanne geben, etwas Wasser zugießen und so lange dünsten, bis die Äpfel weich werden. Zum Schluss mit Gewürzen bestreuen und zum Pudding geben.

263 KCAL ABENDESSEN **E** 6g **F** 8g **KH** 48g

Frühlingsrollen mit Gemüse

ZUTATEN:

- ⅓ Gurke (83 g)
- 1 Karotte (45 g)
- ⅓ rote Paprikaschote (76,5 g)
- ⅓ reife Avocado (46,5 g)
- 1 TL frisch gepresster Zitronensaft (3 g)
- ¼ Chilischote (5 g)
- 4 Blätter Reispapier (36 g)
- 2 Handvoll Rucola (40 g)
- 1½ EL Tamari-Sojasauce (15 ml)

ZUBEREITUNG:

Gurke und Karotte schälen und in Stifte schneiden, die Paprika in Streifen. Die Avocado schälen, in Streifen schneiden und mit Zitronensaft beträufeln. Die Chilischote fein hacken. Das Reispapier mit lauwarmem Wasser anfeuchten, das geschnittene Gemüse mit dem Rucola darauflegen und alles mit Sojasauce beträufeln. Zu Frühlingsrollen wickeln und servieren.

1765 KCAL

442 KCAL FRÜHSTÜCK **E** 9g **F** 9g **KH** 83g

Hirsebrei mit Banane und Mandelsauce

ZUTATEN:

- 4 EL Hirse (52 g)
- 250 ml Kokosmilch
- ¾ Banane (150 g)
- 1 TL Mandelbutter (10 g)
- ½ TL Ahornsirup (2,5 ml)
- 1 TL frisch gepresster Zitronensaft (3 g)

ZUBEREITUNG:

Die Hirse nach Packungsangabe in der Kokosmilch kochen. Die Bananenscheiben hinzufügen. Aus Mandelbutter, Sirup und Zitronensaft die Mandelsauce zubereiten und zum Hirsebrei geben.

261 KCAL MORGENSNACK **E** 6g **F** 8g **KH** 50g

Olivenpaste

ZUTATEN:

- 6 entsteinte schwarze Oliven (15 g)
- 1 TL natives Olivenöl extra (5 g)
- 1 EL Schnittlauch (5 g)
- ½ Knoblauchzehe (2,5 g), abgezogen
- 1 TL frisch gepresster Zitronensaft (3 g)
- 1 Prise Chilipulver
- 2 Scheiben Sauerteig-Roggenbrot (80 g)

ZUBEREITUNG:

Alle Zutaten zu einer glatten Paste pürieren. Mit Brot servieren.

ZUM ESSEN:

Limettenwasser mit Minze

ZUTATEN:

- 2 Scheiben Limette (40 g)
- 1 Stück Ingwerwurzel (3 cm)
- 1 EL Limettensaft (6 g)
- 250 ml Mineralwasser
- 3 Blätter Minze (3 g)

ZUBEREITUNG:

Die Limette gut abbürsten oder schälen. Limette und Ingwer in Scheiben schneiden. Den Limettensaft ins Mineralwasser gießen und Limettenscheiben, Ingwerscheiben und Minze hinzugeben. Nach Belieben Eiswürfel hinzufügen.

544 KCAL MITTAGESSEN E 49g **F** 37g **KH** 20g

Indische Fischsuppe

ZUTATEN:

- 160 g Lachsfilet
- 1 TL frisch gepresster Zitronensaft (3 g)
- 1 Prise Meersalz
- 1 Prise frisch gemahlener schwarzer Pfeffer
- 1 Stück Ingwerwurzel (5 g)
- 1 Knoblauchzehe (5 g), abgezogen
- ⅓ EL natives, kaltgepresstes Kokosöl (5 g)
- 1 kleiner Brokkoli (166,5 g)
- 240 ml Wasser
- 50 ml EL Kokosmilch 18 % Fett
- 1 Prise Currypulver
- 1 Prise gemahlene Kurkuma
- 1 Prise gemahlener Kreuzkümmel
- 6 Cocktailtomaten, klein geschnitten (120 g)
- 4 Blätter Basilikum (4 g)

ZUBEREITUNG:

Den Lachs in Stücke schneiden, mit Zitronensaft beträufeln, mit Salz und Pfeffer bestreuen. Den Ingwer reiben, den Knoblauch durch eine Presse drücken und beides im Kokosöl anbraten. Den Brokkoli in Röschen teilen und 2–3 Minuten in kochendem Wasser bissfest garen. Das Wasser mit der Kokosmilch vermischen und die Gewürze einrühren. Zum Kochen bringen und Lachs, gebratenen Knoblauch und Ingwer hinzufügen. Einige Minuten köcheln lassen. Zum Schluss Brokkoliröschen, Tomaten und Basilikum hinzufügen und servieren.

192 KCAL ABENDSNACK **E** 7g **F** 3g **KH** 38g

Hirsesalat

ZUTATEN:

- 3½ EL Hirse (45,5 g)
- 6 Cocktailtomaten (120 g)
- 4 entsteinte schwarze Oliven (10 g)
- 1 EL Schnittlauchröllchen (5 g)
- ½ Handvoll Spinat (12,5 g)
- 1 Prise Meersalz
- 1 Prise frisch gemahlener schwarzer Pfeffer

ZUBEREITUNG:

Die Hirse nach Packungsangabe zubereiten. Die Tomaten halbieren und die Oliven in Scheiben schneiden. In einer Schüssel mit Schnittlauch und Spinat vermischen. Mit Salz und Pfeffer abschmecken und servieren.

326 KCAL ABENDESSEN **E** 23g **F** 22g **KH** 12g

Brokkoli-Frittata

ZUTATEN:

- ¼ Brokkoli (125 g)
- 6 Cocktailtomaten (120 g)
- ½ EL natives, kaltgepresstes Kokosöl (7,5 g)
- 2 Eier, Größe L (146 g)
- 1 EL Schnittlauch (5 g)
- 1 Prise Meersalz
- 1 Prise frisch gemahlener schwarzer Pfeffer

ZUBEREITUNG:

Den Brokkoli in Röschen teilen und in 2–3 Minuten in kochendem Wasser bissfest garen. Die Tomaten halbieren.

Den Backofen auf 200 °C vorheizen. Das Öl in einer ofenfesten Pfanne auf mittlerer Stufe erhitzen, den Brokkoli dazugeben und kurz anbräunen. Die Eier mit dem Schnittlauch verquirlen und mit Salz und Pfeffer würzen. Die Eimischung zum Brokkoli in die Pfanne gießen und 1–2 Minuten braten, bis das Ei unten stockt. Die Tomaten daraufgeben und die Pfanne in den vorgeheizten Ofen stellen. 7–8 Minuten backen. Die fertige Frittata auf einen Teller legen und servieren.

ZUM ESSEN:

240 ml Kräutertee

DO IT.

1953 KCAL

364 KCAL FRÜHSTÜCK **E** 26g **F** 25g **KH** 10g

Kokosplätzchen

ZUTATEN:

- **⅓ EL natives, kaltgepresstes Kokosöl (5 g)**
- **2 Eier, Größe S (100 g)**
- **4 EL Kokosmilch 18 % Fett (46 ml)**
- **2 EL entöltes Kokosmehl (26 g)**
- **⅕ TL Natron (1 g)**
- **1 Prise Himalayasalz**

ZUBEREITUNG:

Das Öl in einer Pfanne erhitzen. Alle Zutaten gründlich vermischen. Den Teig mit einem Löffel in die Pfanne geben und zu Plätzchen formen. Von beiden Seiten braten und servieren.

ZUM ESSEN:

240 ml grüner Tee

392 KCAL MORGENSNACK **E** 6g **F** 2g **KH** 89g

Urlaubs-Smoothie

ZUTATEN:

- 1 Scheibe Wassermelone (350 g)
- ¼ Honigmelone (180 g)
- 3 Handvoll Heidelbeeren (150 g)
- 60 ml Reismilch
- 80 ml Aroniabeerensaft
- 1 EL gefriergetrocknetes Bio-Himbeerpulver (8 g)

ZUBEREITUNG:

Alle Zutaten gut durchmixen.

521 KCAL MITTAGESSEN **E** 65g **F** 17g **KH** 36g

Schweinefilet mit Champignons, Zwiebeln und Röstgemüse

ZUTATEN:

- 250 g Schweinefilet
- 1 Prise Himalayasalz
- 1 Prise frisch gemahlener schwarzer Pfeffer
- 3 Prisen getrockneter Majoran
- 1 Zwiebel (110 g), abgezogen
- 2 Knoblauchzehen (10 g), abgezogen
- 10 frische Champignons (200 g)
- ½ EL natives, kaltgepresstes Kokosöl (7,5 g)

ZUBEREITUNG:

Den Backofen auf 180 °C vorheizen. Das Filet mit Salz, Pfeffer und 2 Prisen Majoran einreiben, in den vorgeheizten Ofen geben und 25 Minuten backen. Zwiebel, Knoblauch und Champignons in feine Scheiben schneiden. Das Öl in einer Pfanne erhitzen und das Gemüse darin braten. Salz, Pfeffer und 1 Prise Majoran einrühren. Das Filet in Scheiben schneiden und mit Champignons und Zwiebeln anrichten.

Röstgemüse

ZUTATEN:

- ½ Zucchini (100 g)
- ½ Aubergine (112 g)
- ½ rote Paprikaschote (115 g)
- ½ TL natives Olivenöl extra
- 1 Prise Himalayasalz
- 1 Prise Cayennepfeffer
- 2 TL frisch gehackte Petersilie

ZUBEREITUNG:

Den Backofengrill auf hoher Stufe vorheizen. Zucchini und Aubergine in Scheiben und die Paprika in Streifen schneiden. Das Gemüse mit Olivenöl beträufeln, dann mit Salz, Pfeffer und Petersilie bestreuen. Unter dem Backofengrill oder in einer Grillpfanne gar rösten.

ZUM ESSEN:

240 ml Mineralwasser

307 KCAL ABENDSNACK **E** 8g **F** 17g **KH** 36g

Rote-Bete-Suppe mit Quinoa

ZUTATEN:

- 1 Rote Bete (105 g)
- 1 EL natives, kaltgepresstes Kokosöl (15 g)
- ½ Zwiebel, abgezogen und gehackt (55 g)
- 2 Knoblauchzehen (10 g), abgezogen
- ½ TL getrockneter Thymian (2 g)
- 1 EL frisch gepresster Zitronensaft (6 g)
- ½ EL abgeriebene Zitronenschale (8 g)
- 1 TL frisch gehackte Petersilie (6 g)
- 1 Prise Himalayasalz
- 1 Prise frisch gemahlener schwarzer Pfeffer
- 2 EL Quinoa (28 g)

ZUBEREITUNG:

Die Rote Bete schälen und in Stücke schneiden. Das Öl in einem großen Topf erhitzen und Zwiebel, Knoblauch und Thymian darin braten. Alle Zutaten bis auf die Quinoa in den Topf geben und mit so viel Wasser übergießen, bis sie leicht bedeckt sind. Etwa 20 Minuten kochen lassen. Die Quinoa laut Packungsangabe garen. Die Suppe pürieren und mit der Quinoa servieren.

369 KCAL ABENDESSEN **E** 15g **F** 25g **KH** 29g

Warmer Rotkohl mit Speck

ZUTATEN:

- 3 Scheiben Frühstücksspeck (30 g)
- 330 g Rotkohl, in feine Streifen geschnitten
- 2 Prisen Meersalz
- 1 Prise frisch gemahlener schwarzer Pfeffer
- 1 Prise Kümmelsamen
- ½ Bund Dill, gehackt (12,5 g)
- 1 EL Apfelessig (6 ml)
- 2 EL Sonnenblumenkerne (20 g)

ZUBEREITUNG:

Eine kleine Pfanne erhitzen und den Speck darin anbraten. Den Kohl in einen Topf geben, etwas Wasser zugießen und die Gewürze zufügen. Leicht köcheln lassen. Wenn der Kohl weich ist, den Apfelessig zugießen. Sobald die Flüssigkeit verdunstet ist, den Speck unterheben. In eine Schüssel füllen und mit gehacktem Dill und Sonnenblumenkernen bestreut servieren.

ZUM ESSEN:

240 ml grüner Tee

2384 KCAL

536 KCAL FRÜHSTÜCK **E** 42g **F** 37g **KH** 16g

Rührei mit Austernpilzen und Cocktailtomaten

ZUTATEN:

- **½ Zwiebel, abgezogen und gehackt (55 g)**
- **2 Austernpilze (100 g)**
- **1 TL geklärte Butter (7,5 g)**
- **4 Eier, Größe L (292 g)**
- **1 Prise Himalayasalz**
- **1 Prise frisch gemahlener schwarzer Pfeffer**
- **6 Cocktailtomaten, halbiert (120 g)**

ZUBEREITUNG:

Die Austernpilze in Streifen schneiden. Die Butter in einer Pfanne erhitzen und Zwiebel und Pilze darin braten, bis die Zwiebel glasig ist. Dann die Eier zugeben und salzen und pfeffern. Gut umrühren. So lange braten, bis die Eier gestockt sind. Mit den halbierten Cocktailtomaten garniert servieren.

ZUM ESSEN:

240 ml Mineralwasser

340 KCAL MORGENSNACK **E** 3g **F** 9g **KH** 68g

Warmer Karotten-Smoothie

ZUTATEN:

- 2 Karotten (90 g)
- 1 Banane (200 g)
- 1 TL Kokoszucker (10 g)
- 125 g Kokosmilch oder -wasser
- 1 TL geklärte Butter (7,5 g)
- 1 Prise gemahlene Kurkuma

ZUBEREITUNG:

Die Karotten weich kochen. In der Zwischenzeit die Banane zerdrücken. Die Karotten abtropfen und mit den übrigen Zutaten in den Mixer geben. Pürieren und warm servieren.

806 KCAL MITTAGESSEN **E** 72g **F** 27g **KH** 76g

Kaninchenfrikadelle mit Kartoffelpüree

ZUTATEN:

- 240 g Kaninchenfleisch (Rücken)
- ¼ Zwiebel (27,5 g), abgezogen
- 1 Knoblauchzehe (5 g), abgezogen
- 1 Ei, Größe L (73 g)
- 2 TL Dill, gehackt (8 g)
- 1 Prise Himalayasalz
- 1 Prise frisch gemahlener schwarzer Pfeffer
- ¾ TL geklärte Butter (7,5 g)

ZUBEREITUNG:

Das Fleisch mit Zwiebel und Knoblauch durch den Fleischwolf drehen oder mit der Hand hacken. Ei, Dill, Salz und Pfeffer untermischen. Aus der Masse eine Frikadelle formen. Die Butter in einer Pfanne erhitzen und die Frikadelle darin von beiden Seiten gar braten.

Kartoffelpüree

ZUTATEN:

- 4 mehligkochende Kartoffeln (360 g)
- 2 Prisen Meersalz
- ½ TL geklärte Butter (3,5 g)
- ½ TL geriebener Meerrettich (2 g)

ZUBEREITUNG:

Die Kartoffeln schälen und in Salzwasser kochen. Anschließend mit Butter und Meerrettich zerstampfen.

Salzgurken mit Zwiebel

ZUTATEN:

- 3 eingelegte Gurken (180 g)
- ¼ Zwiebel (27,5 g), abgezogen

ZUBEREITUNG:

Gurke und Zwiebel in Scheiben schneiden. Beide Zutaten vermengen.

ZUM ESSEN:

240 ml Mineralwasser

278 KCAL ABENDSNACK **E** 7g **F** 16g **KH** 36g

Karotten-Tomaten-Paste mit Basilikum

ZUTATEN:

- 3 Tomaten (240 g)
- 1 Karotte (45 g)
- ¼ Petersilienwurzel (20 g)
- 1 Kartoffel (90 g)
- 1 TL geklärte Butter (7,5 g)
- ¼ Zwiebel (27,5 g), abgezogen
- ½ Knoblauchzehe, abgezogen und fein gehackt (2,5 g)
- 1 Prise gemahlene Kurkuma
- 1 Prise Himalayasalz
- 1 Prise frisch gemahlener schwarzer Pfeffer
- 3 Blätter Basilikum (3 g)
- 3 Walnusskerne (12 g), gehackt

ZUBEREITUNG:

Die Tomaten mit heißem Wasser überbrühen, häuten, entkernen und würfeln. Das restliche Gemüse waschen, putzen, schälen und ebenfalls in Würfel schneiden. Die Butter in einer Pfanne erhitzen, Zwiebel und Knoblauch darin braten, bis die Zwiebel weich ist. Das restliche Gemüse zugeben und alles mit Wasser bedecken. Mit Kurkuma, Salz und Pfeffer bestreuen und alles zum Kochen bringen. Wenn das Gemüse weich ist, das Basilikum zugeben. Mit dem Stabmixer pürieren und mit den Nüssen garniert servieren.

423 KCAL ABENDESSEN **E** 14g **F** 15g **KH** 64g

Glutenfreier Wrap

ZUTATEN:

- **⅔ EL Leinsamen (6,5 g)**
- **3 EL Wasser (45 ml)**
- **70 g glutenfreies Hafermehl**
- **⅓ TL glutenfreies Backpulver (1 g)**
- **1 Prise Himalayasalz**
- **¼ TL Kokoszucker (2,5 g)**
- **¼ EL natives, kaltgepresstes Kokosöl (3,5 g)**

ZUBEREITUNG:

Die Leinsamen in einem Mörser zerstoßen, mit zwei Esslöffeln kochendem Wasser übergießen und im Mixer zerkleinern. Mehl, Backpulver, Salz und Zucker in eine Schüssel geben und gut verrühren. Leinsamen und Öl zufügen und alles mit der Hand vermischen. Das restliche Wasser zugeben, die Konsistenz sollte dickflüssig und klebrig sein. Eine Antihaft-Pfanne auf mittlerer Stufe erhitzen, den Teig hineingeben und von beiden Seiten braten.

Wrapfüllung

ZUTATEN:

- **2 Karotten (90 g)**
- **⅓ Gurke (83 g)**
- **¼ rote Paprikaschote (57,5 g)**
- **½ TL Imkerhonig (6 g)**
- **1 TL Dijon-Senf (10 g)**
- **¾ TL natives Olivenöl extra (3,5 g)**

ZUBEREITUNG:

Das Gemüse in Stifte schneiden. Honig, Senf und Olivenöl vermischen. Das Gemüse auf dem Wrap verteilen und mit der Sauce beträufeln. Den Wrap aufrollen und servieren.

ZUM ESSEN:

240 ml Mineralwasser

A
A

2960 KCAL

746 KCAL FRÜHSTÜCK **E** 16g **F** 12g **KH** 152g

Schokopudding mit Nüssen

ZUTATEN:

- 2 getrocknete Datteln, ungeschwefelt (10 g)
- 90 g Hirse
- 180 ml Reisdrink
- 180 ml Wasser
- 1½ EL ungesüßtes Kakaopulver (15 g)
- 1 Banane (200 g)
- 1 Prise Zimtpulver
- Hirsemehl nach Belieben
- 3 Haselnusskerne (4,5 g), grob gehackt

ZUBEREITUNG:

Die Datteln mindestens 15 Minuten in kaltem Wasser einweichen. Vor dem Kochen die Hirse 1–2-mal unter fließend kaltem Wasser abspülen. Die Hirse mit Reisdrink, Wasser und Kakao nach Packungsangabe kochen. Banane, Datteln und Zimt in die Hirsemischung einrühren. Leicht abkühlen lassen und alle Zutaten in einem Mixer pürieren. Wenn die Mischung zu dünnflüssig ist, etwas Hirsemehl hinzufügen. Mit den Nüssen garnieren.

ZUM ESSEN:

240 ml Mineralwasser

465 KCAL MORGENSNACK **E** 8g **F** 10g **KH** 90g

Grüner Smoothie mit Ananas

ZUTATEN:

- 2½ Scheiben Ananas (200 g)
- 1 Apfel (150 g)
- ¾ Banane (150 g)
- 4 Blätter Basilikum (4 g)
- 1 Handvoll Spinat (25 g)
- 2 EL Chiasamen (20 g)
- 1 EL frisch gepresster Zitronensaft (6 g)
- 250 ml Kokosdrink

ZUBEREITUNG:

Alle Zutaten im Standmixer pürieren.

827 KCAL MITTAGESSEN **E** 72g **F** 45g **W** 48g

Zucchini-Spaghetti Bolognese

ZUTATEN:

- 1 Zwiebel (110 g)
- 3 Knoblauchzehen (15 g), abgezogen
- 280 g Roastbeef
- 3 Tomaten (240 g)
- 2 Karotten (90 g)
- 1½ EL geklärte Butter (22,5 g)
- 3 EL Tomatenmark (75 g)
- 120 ml Wasser
- 1 Lorbeerblatt (1 g)
- 1 Prise Meersalz
- 1 Prise frisch gemahlener schwarzer Pfeffer
- ¾ Zucchini (150 g)

ZUBEREITUNG:

Zwiebel und Knoblauch fein würfeln und anbraten. Das Fleisch durch den Fleischwolf drehen und mit Zwiebel und Knoblauch vermengen. Die Tomaten überbrühen, die Haut entfernen, entkernen und die Tomaten in Würfel schneiden. Die Karotte schälen und raspeln. Die Butter in einer Pfanne zerlassen und die Fleischmischung darin anbräunen. Tomaten, Tomatenmark, Wasser, Lorbeerblatt, Salz und Pfeffer hinzufügen und alles bei schwacher Hitze 45 Minuten köcheln lassen. Die Karotte dazugeben und weitere 5 Minuten garen. Die Zucchini waschen und mit einem Schäler oder einem Spiralschneider in Bänder schneiden. Die Zucchini-Nudeln ½ Minute in kochendem Wasser blanchieren und abtropfen lassen. Die Zucchini-Nudeln auf einem Teller anrichten und mit der Fleischsauce servieren.

ZUM ESSEN:

240 ml Wasser mit Zitrone (5 g)

351 KCAL ABENDSNACK **E** 9g **F** 17g **KH** 47g

Trockenobst und Nüsse

- **1 Handvoll Cashewnüsse (35 g)**
- **4 getrocknete Aprikosen, ungeschwefelt (40 g)**
- **1 EL getrocknete Cranberrys, ungeschwefelt und ungezuckert (12 g)**

572 KCAL ABENDESSEN **E** 39g **F** 45g **KH** 2g

Eier im Schinkenmantel

ZUTATEN:

- **1 TL natives, kaltgepresstes Kokosöl (15 g)**
- **3 Scheiben Parmaschinken (45 g)**
- **3 Eier, Größe L (219 g)**
- **3 Prisen Chilipulver**
- **2 EL Schnittlauchröllchen (10 g)**

ZUBEREITUNG:

Den Backofen auf 180 °C vorheizen. Die Muffinform mit Kokosöl einfetten. In drei Mulden je eine Schinkenscheibe legen und ein Ei darüber aufschlagen. Dann mit Chili bestreuen.

15 Minuten im vorgeheizten Ofen backen. Die Muffins mit gehacktem Schnittlauch bestreut servieren.

ZUM ESSEN:

240 ml Kräutertee

Fit + Schlank

mit Anna

→ FÜR SPORTLICHE MENSCHEN, DIE JEDEN TAG TRAINIEREN

1592 KCAL

400 KCAL FRÜHSTÜCK **E** 33g **F** 26g **KH** 15g

Schakschuka

ZUTATEN:

- **2 Tomaten (160 g)**
- **¼ EL natives, kaltgepresstes Kokosöl (3,5 g)**
- **½ Knoblauchzehe (2,5 g), abgezogen und gehackt**
- **1 Prise Kräuter der Provence**
- **1 Prise Himalayasalz**
- **1 Prise frisch gemahlener schwarzer Pfeffer**
- **3 Eier, Größe L (219 g)**

ZUBEREITUNG:

Die Tomaten mit heißem Wasser überbrühen, die Haut entfernen, entkernen und die Tomaten würfeln. Das Öl in einer Pfanne erhitzen und die Tomaten darin dünsten. Gehackten Knoblauch, Kräuter der Provence, Salz und Pfeffer hinzufügen und alles 4 Minuten köcheln lassen. Die Eier in die gebratenen Tomaten aufschlagen. Die Pfanne abdecken und mindestens 3 Minuten garen, bis die Eier gestockt sind. Servieren.

Spargel

- **½ Handvoll Spargel (190 g)**

ZUBEREITUNG:

Den Spargel waschen, gegebenenfalls schälen und in kochendem Wasser bissfest garen.

ZUM ESSEN:

240 ml Mineralwasser

240 KCAL VOR DEM TRAINING **E** 5g **F** 4g **KH** 49g

Hirse-Smoothie

ZUTATEN:

- 3 EL Hirse (39 g)
- 150 g Erdbeeren
- 250 ml Kokosdrink (250 ml)
- 1 TL Ahornsirup (5 ml)

ZUBEREITUNG:

Die Hirse 1–2-mal unter fließend kaltem Wasser abspülen und nach Packungsangabe gar kochen. Alle Zutaten im Standmixer pürieren.

307 KCAL NACH DEM TRAINING **E** 5g **F** 6g **KH** 64g

Heidelbeercreme

ZUTATEN:

- 130 g Heidelbeeren
- 1 Banane (200 g)
- 1 EL Mandelblättchen (10 g)

ZUBEREITUNG:

Alle Zutaten mixen und zum Schluss die Creme mit Mandelblättchen dekorieren.

281 KCAL MITTAGESSEN **E** 40g **F** 11g **KH** 15g

Thunfischsteak

ZUTATEN:

- 150 g Thunfischfilet
- 1 Prise Himalayasalz
- 1 Prise frisch gemahlener schwarzer Pfeffer
- 1 Prise getrockneter Rosmarin

ZUBEREITUNG:

Den Thunfisch mit Salz, Pfeffer und Rosmarin einreiben. Eine Antihaft-Grillpfanne erhitzen und das Steak darin von jeder Seite 1 Minute braten. Servieren.

Rote-Bete-Salat mit Sauerampfer

ZUTATEN:

- 1 Handvoll Sauerampfer (70 g)
- ⅓ Bund junge Rote Bete mit Blättern und Stielen (93 g)
- 1 Mini-Gurke (35 g)
- 3 Radieschen (45 g)
- 1 Tomate (80 g)
- ½ TL natives Olivenöl extra (2,5 g)
- 1 TL frisch gepresster Zitronensaft (3 g)
- 1 Prise Himalayasalz
- 1 Prise frisch gemahlener schwarzer Pfeffer

ZUBEREITUNG:

Sauerampfer und Rote Bete waschen, trocken tupfen. Klein schneiden und auf einen Teller legen. Gurke, Radieschen und Tomate waschen und in Scheiben schneiden. Auf dem Teller anrichten. Alles mit Olivenöl und Zitronensaft beträufeln und mit Salz und Pfeffer bestreuen.

ZUM ESSEN:

240 ml Mineralwasser

181 KCAL SNACK **E** 4g **F** 9g **KH** 28g

Trockenobst und Nüsse

- 4 getrocknete Apfelringe (40 g)
- 1 EL Mandelkerne (15 g)

183 KCAL ABENDESSEN **E** 9g **F** 6g **KH** 31g

Grünes Ragout

ZUTATEN:

- 125 g Grünkohl
- ¼ Handvoll Spargel (95 g)
- 1 Stiel Sellerie (45 g)
- ¼ EL natives, kaltgepresstes Kokosöl (3,5 g)
- 1 Prise Himalayasalz
- 1 Prise frisch gemahlener schwarzer Pfeffer
- 1 Prise getrockneter Thymian

ZUBEREITUNG:

Den Grünkohl waschen und klein schneiden. Spargel und Sellerie schälen oder waschen. Das Öl in einer Pfanne erhitzen und das Gemüse darin braten. Salz, Pfeffer und Thymian einrühren und alles köcheln lassen, bis das Gemüse weich ist. Bei Bedarf Wasser zugießen.

Hirsebrei

- 2 EL Hirse (26 g)

ZUBEREITUNG:

Die Hirse vor dem Kochen 1–2-mal unter fließend kaltem Wasser abspülen und nach Packungsangabe zubereiten.

ZUM ESSEN:

240 ml Mineralwasser

1579 KCAL

346 KCAL FRÜHSTÜCK **E** 17g **F** 24g **KH** 14g

Karottenpfannkuchen

ZUTATEN:

- 2 Eier, Größe S (100 g)
- 3 EL Kokosmilch oder -drink (45 ml)
- 1½ EL entöltes Kokosmehl (19,5 g)
- 1 Karotte, gerieben (45 g)
- ¼ Zwiebel (27,5 g), abgezogen
- 2 Prisen Meersalz
- 2 Prisen frisch gemahlener schwarzer Pfeffer
- 2 Prisen Currypulver
- ¼ TL getrockneter Oregano (1 g)
- ¼ TL Paprikapulver edelsüß (1 g)
- ¾ EL natives, kaltgepresstes Kokosöl (11 g)

ZUBEREITUNG:

Die Eier mit Kokosmilch oder -drink, Mehl, Karotte, Zwiebel, Salz, Pfeffer und Gewürzen verrühren. Das Öl in einer Pfanne erhitzen, den Teig portionsweise in die Pfanne geben und zu Pfannkuchen formen. Von beiden Seiten braten, bis die Pfannkuchen hellbraun sind.

ZUM ESSEN:

240 ml Kräutertee

171 KCAL VOR DEM TRAINING **E** 4g **F** 3g **KH** 32g

Haferflockenbrei mit Zimt und Pflaumen

ZUTATEN:

- 2 EL glutenfreie Haferflocken (20 g)
- 125 g Kokosdrink oder ein anderer Pflanzendrink
- 3 getrocknete Pflaumen (21 g), klein geschnitten
- ½ TL ungesüßtes Kakaopulver (2,5 g)
- ⅕ TL Zimtpulver (2 g)
- ½ TL gefriergetrocknetes Bio-Cranberrypulver, nach Belieben (1 g)

ZUBEREITUNG:

Die Haferflocken im Kokosdrink einweichen und alles zum Kochen bringen. Köcheln lassen, bis die Flocken weich sind, dann die übrigen Zutaten einrühren.

253 KCAL NACH DEM TRAINING **E** 19g **F** 7g **KH** 32g

Eiweißshake à la Piña Colada

ZUTATEN:

- 2 Scheiben Ananas (160 g)
- 1 EL Kokoschips (6 g)
- 22,5 g Reisproteinpulver
- 166,5 ml Kokosdrink
- 1 EL Limettensaft (6 g)
- ½ TL Bio-Maca-Pulver (2,5 g)

ZUBEREITUNG:

Alle Zutaten mixen und nach Belieben Eiswürfel dazugeben.

345 KCAL MITTAGESSEN **E** 36g **F** 15g **KH** 22g

Gemüseauflauf mit Garnelen

ZUTATEN:

- 7 Riesengarnelen (84 g)
- ½ Zucchini (100 g)
- ¼ rote Paprikaschote (57,5 g)
- ⅓ rote Zwiebel (35 g), abgezogen
- 5 Cocktailtomaten (100 g)
- ⅓ TL geklärte Butter (2,5 g)
- 1 Ei, Größe S (50 g)
- 1 EL entöltes Kokosmehl (13 g)
- 2 EL Kokosmilch, 18 % Fett (20 ml)
- ½ Knoblauchzehe (2,5 g), abgezogen
- ⅕ TL Meersalz (1 g)
- 2 Prisen frisch gemahlener schwarzer Pfeffer
- 1 TL Hefeflocken (5 g)
- 1 TL frischer Koriander, gehackt (6 g)
- 1 Prise Chilipulver

ZUBEREITUNG:

Den Backofen auf 180 °C vorheizen. Die Garnelen waschen und säubern. Das Gemüse waschen. Die Zucchini in Scheiben und die Paprikaschote in Würfel schneiden. Die Zwiebel in feine Streifen schneiden und die Tomaten halbieren. Eine Auflaufform mit geklärter Butter einfetten und den Boden mit dem Gemüse und den Garnelen bedecken. Ei, Mehl, Kokosmilch, Knoblauch, Salz und Pfeffer in einer Schüssel vermengen. Die Mischung über Garnelen und Gemüse gießen. Mit Hefeflocken bestreuen und 30 Minuten im vorgeheizten Ofen backen. Herausnehmen und mit Koriander und Chili bestreut servieren.

ZUM ESSEN:

240 ml Mineralwasser

178 KCAL SNACK **E** 18g **F** 6g **KH** 14g

Salat mit Pute

ZUTATEN:

- 80 g Putenbrustbraten
- 1 Prise Meersalz
- 1 Prise Rosenpaprikapulver
- ¼ TL Kräuter der Provence (1 g)
- ⅓ Zwiebel (36,5 g), abgezogen
- 3 Scheiben getrocknete Tomaten (21 g)
- 4 entsteinte schwarze Oliven (10 g)
- ¼ EL natives, kaltgepresstes Kokosöl (3,5 g)
- 1 Handvoll Rucola (20 g)

ZUBEREITUNG:

Das Fleisch in kleine Würfel schneiden und mit Salz, Paprikapulver und Kräutern der Provence einreiben. Die Zwiebel in feine Streifen schneiden, Tomaten und Oliven halbieren. Das Öl in einer Pfanne zerlassen, Fleisch, Zwiebel und Tomaten darin braten, bis das Fleisch gar ist. Den Rucola mit den Oliven vermischen und die Fleischmischung auf dem Salat anrichten. Lauwarm servieren.

287 KCAL ABENDESSEN **E** 7g **F** 6g **KH** 56g

Reisnudeln mit Paprika und Spinat

ZUTATEN:

- 50 g Tapioka-Reisnudeln
- ¼ rote Paprikaschote (57,5 g)
- ¼ EL natives, kaltgepresstes Kokosöl (3,5 g)
- 2 Handvoll Spinat (50 g)
- 1 TL Tamari-Sojasauce (5 ml)
- 1 TL Dattelsirup (8 ml)
- 1 TL frisch gehackte Petersilie (6 g)
- 1 Prise getrocknetes Basilikum
- ½ TL Sesamsaat (2,5 g)
- 1 Prise Paprikapulver edelsüß
- 1 Prise Rosenpaprikapulver
- 1 Prise Meersalz
- 1 Prise frisch gemahlener schwarzer Pfeffer

ZUBEREITUNG:

Die Nudeln nach Packungsangabe gar kochen. Die Paprika in feine Streifen schneiden. Das Öl in einer Pfanne erhitzen und Paprika und Spinat darin einige Minuten braten. Dann Sojasauce, Dattelsirup und restliche Kräuter und Gewürze einrühren. Die Nudeln unter das Gemüse mischen. Mit gehackter Petersilie und Sesam bestreut servieren.

ZUM ESSEN:

240 ml Kräutertee

1809 KCAL

339 KCAL FRÜHSTÜCK E 21g **F** 25g **KH** 13g

Rührei mit Grünkohl

ZUTATEN:

- 3 Handvoll Grünkohl (60 g)
- ¼ Zwiebel (27,5 g), abgezogen
- 1 Karotte (45 g)
- ½ EL natives, kaltgepresstes Kokosöl (7,5 g)
- 2 Eier, Größe M (126 g)
- 1 Prise Meersalz
- 1 Prise frisch gemahlener schwarzer Pfeffer
- 1 EL Sonnenblumenkerne (10 g)

ZUBEREITUNG:

Die harten Stiele aus dem Grünkohl entfernen und die Blätter in feine Streifen schneiden. Die Zwiebel hacken und die Karotte raspeln. Das Öl in einer Pfanne erhitzen, dann Grünkohl, Zwiebel und Karotte hinzufügen. Das Ganze 5 Minuten mit aufgelegtem Deckel dünsten. Die Eier mit einer Gabel verquirlen, salzen, pfeffern und in eine zweite Pfanne gießen. Die Mischung so lange braten, bis die Eier gestockt sind. Gemüse und Ei auf einem Teller anrichten und mit Sonnenblumenkernen bestreut servieren.

ZUM ESSEN:

240 ml Kräutertee

238 KCAL VOR DEM TRAINING **E** 2g **F** 3g **KH** 54g

Powerdrink mit Kokos und Ananas

ZUTATEN:

- 2 Scheiben Ananas (160 g)
- ½ Banane (100 g)
- ½ TL Imkerhonig (6 g)
- 125 ml Kokosdrink
- ½ TL Chiasamen (2,5 g)
- ½ TL Vanilleextrakt (2 g)

ZUBEREITUNG:

Alle Zutaten im Standmixer pürieren.

Ist der Smoothie zu dickflüssig, etwas Wasser hinzufügen.

248 KCAL NACH DEM TRAINING **E** 6g **F** 10g **KH** 35g

Roter Haferflockenbrei mit Erdnussbutter

ZUTATEN:

- **2½ EL glutenfreie Haferflocken (25 g)**
- **125 ml Pflanzendrink (125 ml)**
- **1 TL Cashewbutter (10 g)**
- **1 TL getrocknete Gojibeeren (4 g)**
- **2 Prisen Zimtpulver**
- **1 Handvoll Erdbeeren (70 g), gehackt**
- **½ EL Kokoschips (3 g)**
- **½ TL Imkerhonig (6 g)**

ZUBEREITUNG:

Die Haferflocken im Pflanzendrink einweichen. Cashewbutter, Gojibeeren und Zimt hinzufügen und alles gut vermengen. Der Haferflockenbrei kann leicht erhitzt oder kalt gegessen werden. Den Brei in eine Schüssel geben und die gehackten Erdbeeren hinzufügen. Mit Kokoschips bestreuen und mit Honig beträufeln. Servieren.

479 KCAL MITTAGESSEN **E** 6g **F** 10g **KH** 93g

Rote-Bete-Gnocchi

ZUTATEN:

- ½ Süßkartoffel (150 g)
- ½ gekochte Rote Bete (60 g)
- 1½ EL Kartoffelstärke (37,5 g)
- 2 EL Reismehl (24 g)
- 1 TL gefriergetrocknetes Bio-Rote-Bete-Pulver, nach Belieben (5 g)
- 2 Prisen Meersalz
- ½ EL natives, kaltgepresstes Kokosöl (7,5 g)

ZUBEREITUNG:

Den Backofen auf 180 °C vorheizen. Die Süßkartoffel schälen, klein schneiden und in einer Auflaufform im Ofen weich backen. Süßkartoffel und Rote Bete zu einem Püree mixen und in eine Schüssel geben. Stärke, Mehl und nach Belieben Rote-Bete-Pulver zugeben und alles gut vermengen. Aus dem entstandenen Teig lange fingerdicke Rollen formen und jede Rolle in Stücke von 3 cm Länge schneiden. In einem großen Topf Wasser mit Salz und Kokosöl zum Kochen bringen, die Gnocchi hineingeben und so lange köcheln lassen, bis sie an die Oberfläche schwimmen.

ZUM ESSEN:

Wasser mit Erdbeeren und Minze

ZUTATEN:

- 1 EL Limettensaft (6 g)
- ½ Handvoll Erdbeeren (35 g)
- 3 Blätter Minze (3 g)
- 240 ml Wasser

ZUBEREITUNG:

Limettensaft, gehackte Erdbeeren und Minze ins Wasser einrühren. Nach Belieben Eiswürfel hinzufügen.

138 KCAL SNACK **E** 3g **F** 8g **KH** 14g

Trockenobst und Nüsse

- 1 EL getrocknete Cranberrys, ungeschwefelt und ohne Zuckerzusatz (12 g)
- ½ Handvoll Cashewnüsse (17,5 g)

367 KCAL ABENDESSEN **E** 47g **F** 12g **KH** 24g

Kabeljau mit Röstgemüse

ZUTATEN:

- 2 Karotten (90 g)
- 1 Rote Bete, gekocht (120 g)
- ½ Zwiebel (55 g), abgezogen
- 200 g Kabeljaufilet ohne Haut
- 2 Prisen Meersalz
- 2 Prisen frisch gemahlener schwarzer Pfeffer
- 2 Prisen Paprikapulver edelsüß
- 1 Zweig frischer Rosmarin
- 1 TL natives Olivenöl extra (5 g)

ZUBEREITUNG:

Den Backofen auf 180 °C vorheizen. Die Karotten 10 Minuten in kochendem Wasser garen. Rote Bete und Zwiebel in Spalten schneiden, die Karotten längs halbieren. Kabeljau und Gemüse auf ein mit Backpapier ausgelegtes Backblech legen und mit Salz, Pfeffer, Paprikapulver und Rosmarin bestreuen. 30 Minuten im vorgeheizten Ofen backen. Das Gemüse mit Olivenöl beträufeln und servieren.

ZUM ESSEN:

240 ml Mineralwasser

1786 KCAL

360 KCAL FRÜHSTÜCK **E** 21g **F** 27g **KH** 8g

Omelett mit Speck und Champignons

ZUTATEN:

- 1 Scheibe Frühstücksspeck (10 g)
- 2 frische Champignons (40 g)
- ⅓ Zwiebel (36,5 g), abgezogen
- 1 Prise Meersalz
- 1 Prise Chilipulver
- 2 Eier, Größe M (126 g)
- 1 EL entöltes Kokosmehl (13 g)
- 1 Prise frisch gemahlener schwarzer Pfeffer
- ½ EL natives, kaltgepresstes Kokosöl (7,5 g)
- 1 EL Schnittlauchröllchen (5 g)

ZUBEREITUNG:

Den Speck würfeln und in einer heißen Pfanne auslassen. Inzwischen Champignons und Zwiebel klein schneiden, zum Speck geben und mit Salz und Chili bestreuen. 5 Minuten braten, dann aus der Pfanne nehmen. Die Eier in einer Schüssel mit Mehl, Salz und Pfeffer verquirlen. Das Kokosöl in einer zweiten Pfanne zerlassen, die Eimasse einfüllen und abdecken. Wenn die Eier gestockt sind, das Omelett wenden. Die Speckmischung aufs Omelett geben und mit dem Schnittlauch bestreuen. Zusammenklappen und auf einem Teller anrichten.

ZUM ESSEN:

240 ml Kräutertee

185 KCAL VOR DEM TRAINING **B** 5g **F** 5g **KH** 29g

Haferbrei vor dem Training

ZUTATEN:

- 2 EL glutenfreie Haferflocken (20 g)
- 125 ml Kokosdrink oder ein anderer Pflanzendrink
- ½ TL Chiasamen (2,5 g)
- 1 EL getrocknete Gojibeeren (8 g)
- 2 Cashewnüsse (3 g)
- ½ TL Kokoszucker (5 g)
- 1 TL gefriergetrocknetes Bio-Aronia-Pulver, nach Belieben (3 g)

ZUBEREITUNG:

Die Haferflocken mit dem Kokosdrink übergießen. Die Nüsse im Mixer pürieren und alles vermischen.

263 KCAL NACH DEM TRAINING **E** 15g **F** 12g **KH** 30g

Avocado-Orangen-Shake

ZUTATEN:

- 2 ungeschwefelte, getrocknete Datteln (10 g)
- ½ reife Avocado (70 g)
- ½ Orange (125 g)
- 15 g Reisprotein (15 g)
- ½ TL Bio-Maca-Pulver (2,5 g)
- ½ TL Vanilleextrakt (2 g)

ZUBEREITUNG:

Die Datteln 10 Minuten in heißem Wasser einweichen. Dann alle Zutaten in einem Mixer pürieren. Um die gewünschte Konsistenz zu erhalten, kann etwas Wasser hinzugefügt werden.

423 KCAL MITTAGESSEN **E** 37g **F** 3g **KH** 61g

Mariniertes Entenfilet mit Reis

ZUTATEN:

- 2 EL frisch gepresster Zitronensaft (12 g)
- 1 EL Tamari-Sojasauce (10 ml)
- ½ Knoblauchzehe (2,5 g), abgezogen und fein gewürfelt
- 2 Prisen getrockneter Thymian
- 1 Prise Meersalz
- 1 Prise frisch gemahlener schwarzer Pfeffer
- 100 g Entenbrustfilet ohne Haut
- ⅓ rote Zwiebel (35 g), abgezogen, fein gewürfelt

ZUBEREITUNG:

Für die Marinade Zitronensaft, Sojasauce, Knoblauch, Thymian, Salz und Pfeffer verrühren. Das Fleisch in eine Auflaufform geben, mit Marinade übergießen und Zwiebel darüberstreuen. Eine halbe Stunde marinieren. Den Backofen auf 180 °C vorheizen und das Fleisch darin 30 Minuten garen.

Reis mit getrockneten Tomaten

ZUTATEN:

- 60 g Basmatireis
- 3 Scheiben getrocknete Tomaten, gewürfelt (21 g)
- 2 Prisen Meersalz
- 1 Prise frisch gemahlener schwarzer Pfeffer
- ¼ TL getrocknetes Basilikum (1 g)

ZUBEREITUNG:

Den Reis nach Packungsangabe gar kochen. Klein geschnittene Tomaten und Gewürze unterheben.

ZUM ESSEN:

240 ml Mineralwasser

190 KCAL SNACK **E** 17g **F** 9g **KH** 18g

Salat mit Schinken

ZUTATEN:

- 150 g Brokkoli
- 4 frische Champignons (80 g)
- ½ rote Paprikaschote (115 g)
- ¼ EL natives, kaltgepresstes Kokosöl (3,5 g)
- 1 Prise Meersalz
- 1 Prise frisch gemahlener schwarzer Pfeffer
- ¼ TL getrockneter Oregano (1 g)
- 2 Scheiben luftgetrockneter Schinken (30 g)

ZUBEREITUNG:

Den Brokkoli in Röschen teilen und in kochendem Salzwasser bissfest garen. Die Champignons vierteln, die Paprika in Streifen schneiden. Das Öl in einer Pfanne erhitzen, Pilze und Paprika darin einige Minuten braten. Mit Salz, Pfeffer und Oregano abschmecken. Den Schinken in Streifen schneiden und zugeben. Den gekochten Brokkoli mit der Pilzpfanne auf einem Teller anrichten und servieren.

366 KCAL ABENDESSEN **E** 12g **F** 10g **KH** 63g

Hirsebrei mit Gemüse

ZUTATEN:

- 60 g Hirse
- ½ Zucchini (100 g)
- ½ grüne Paprikaschote (70 g)
- ½ Zwiebel (55 g), abgezogen
- ½ EL natives, kaltgepresstes Kokosöl (7,5 g)
- 1 Knoblauchzehe (5 g), abgezogen und zerdrückt
- 5 Cocktailtomaten (100 g), geviertelt
- 1 Prise Meersalz
- 2 Prisen frisch gemahlener schwarzer Pfeffer
- ¼ TL Kräuter der Provence (1 g)
- 1 Prise gemahlene Kurkuma
- 1 EL Tomatenmark (25 g)

ZUBEREITUNG:

Die Hirse vor dem Kochen 1–2-mal unter fließend kaltem Wasser abspülen und dann nach Packungsangabe gar kochen. Zucchini, Paprikaschote und Zwiebel klein schneiden. Das Öl in einer Pfanne erhitzen und das Gemüse darin braten. Knoblauch und Tomaten hinzufügen und alles mit Salz, Pfeffer, Kräutern der Provence und Kurkuma abschmecken. Dünsten, bis das Gemüse weich ist. Zum Schluss die Hirse und das Tomatenmark einrühren.

ZUM ESSEN:

240 ml Kräutertee

1961 KCAL

470 KCAL FRÜHSTÜCK **E** 38g **F** 33g **KH** 10g

Lachs-Avocado-Aufstrich

ZUTATEN:

- 100 g frischer Lachs
- 2 Prisen Meersalz
- 2 Prisen frisch gemahlener schwarzer Pfeffer
- 2 Eier, Größe M (126 g)
- ⅓ reife Avocado (46,5 g)
- 1 EL abgeriebene Zitronenschale (16 g)
- 3 EL frisch gepresster Zitronensaft (18 g)
- 2 Prisen Chilipulver
- 3 EL Schnittlauchröllchen (15 g)

ZUBEREITUNG:

Den Lachs mit Salz und Pfeffer würzen und ohne Fettzugabe zubereiten: Entweder dampfgaren, braten, grillen oder im Ofen backen. Die Eier hart kochen und pellen. Den Lachs mit Eiern, Avocado, Zitronenschale und Zitronensaft sowie Salz, Pfeffer und Chili pürieren. Anschließend den Schnittlauch untermengen.

ZUM ESSEN:

240 ml Kräutertee

245 KCAL VOR DEM TRAINING **E** 6g **F** 2g **KH** 54g

Hirsebrei mit Apfel

ZUTATEN:

- ½ EL ungeschwefelte Rosinen (7,5 g)
- 1 TL getrocknete Gojibeeren (4 g)
- 45 g Hirse
- ¼ TL Imkerhonig (3 g)
- 2 Prisen Zimtpulver
- 0,5 g Gewürznelken
- 1 Prise gemahlener Kardamom
- 1 TL gefriergetrocknetes Bio-Erdbeerpulver, nach Belieben (2 g)
- ½ Apfel (75 g)

ZUBEREITUNG:

Rosinen und Gojibeeren 10 Minuten in heißem Wasser einweichen. Die Hirse nach Packungsangabe zubereiten, gegebenenfalls bereits am Vortag. Honig und Gewürze mit der Hirse vermengen. Den Apfel entkernen und in Würfel schneiden. Dann Apfelstücke und eingeweichte Beeren unter den Hirsebrei mischen.

247 KCAL NACH DEM TRAINING **E** 4g **F** 3g **KH** 51g

Energie-Shake

ZUTATEN:

- 1½ TL gemahlener Kaffee (3 g)
- 2 EL glutenfreie Haferflocken (20 g)
- ½ Banane (100 g)
- 1 TL Imkerhonig (12 g)
- 187,5 ml Kokosdrink
- 2 Prisen Zimtpulver

ZUBEREITUNG:

Den Kaffee mit etwas kochendem Wasser überbrühen und ziehen lassen, bis sich der Kaffeesatz am Boden der Tasse abgesetzt hat. Anschließend den Kaffee umfüllen und mit den restlichen Zutaten mixen.

#FRIENDS

403 KCAL MITTAGESSEN **E** 34g **F** 19g **KH** 33g

Schweinefilet

ZUTATEN:

- 120 g Schweinefilet
- ½ Knoblauchzehe (2,5 g), abgezogen und zerdrückt
- 2 Prisen Himalayasalz
- 2 Prisen frisch gemahlener schwarzer Pfeffer
- 1 Prise Rosenpaprikapulver
- 3 Prisen getrockneter Majoran
- 1 Prise getrockneter Thymian
- ¼ TL Paprikapulver edelsüß (1 g)
- ½ Zwiebel (55 g), abgezogen

ZUBEREITUNG:

Den Backofen auf 190 °C vorheizen. Das Filet mit Knoblauch, Salz, Pfeffer und Gewürzen einreiben. In eine Auflaufform legen und mit der Zwiebel belegen. Die Form abdecken und das Fleisch 30 Minuten im vorgeheizten Ofen garen.

Bunter Salat

ZUTATEN:

- 110 g Rotkohl
- 2 Karotten (90 g)
- ⅓ reife Avocado (46,5 g)
- ⅓ rote Paprikaschote (76,5 g)
- ⅔ TL Leinöl (3 ml)
- 1 TL Mandelbutter (10 g)
- 1 TL Tamari-Sojasauce (5 ml)
- 2 EL frisch gepresster Zitronensaft (12 g)
- 1 Prise Meersalz
- 1 Prise frisch gemahlener schwarzer Pfeffer
- 1 Prise gemahlene Kurkuma

ZUBEREITUNG:

Den Kohl in feine Streifen schneiden, die Karotten schälen und die Avocado schälen und entsteinen. Karotten, Avocado und Paprika in gleich große Würfel schneiden. Für die Salatsauce Öl, Mandelbutter, Sojasauce, Zitronensaft, Salz, Pfeffer und Kurkuma verrühren. Das Gemüse in einer Schüssel mit der Sauce übergießen und vermengen.

ZUM ESSEN:

240 ml Mineralwasser

196 KCAL SNACK **E** 3g **F** 11g **KH** 27g

Power-Smoothie

ZUTATEN:

- 1 Apfel (150 g)
- ¼ Gurke (62,5 g)
- ½ reife Avocado (70 g)
- 1 TL gefriergetrocknetes Bio-Erdbeerpulver, nach Belieben (2 g)

ZUBEREITUNG:

Alle Zutaten in einem Mixer pürieren.

399 KCAL ABENDESSEN **E** 14g **F** 5g **KH** 77g

Salat mit Süßkartoffel und Quinoa

ZUTATEN:

- ½ Süßkartoffel (150 g)
- ⅓ Zwiebel (36,5 g), abgezogen
- 60 g Quinoa
- 1 Scheibe Zitrone (10 g)
- 2 EL frisch gepresster Zitronensaft (12 g)
- 1 TL Aceto balsamico (3 ml)
- 1 TL Ahornsirup (5 ml)
- 1 TL Tamari-Sojasauce (5 ml)
- ⅕ TL Zimtpulver
- 2 Prisen gemahlener Ingwer
- 2 Prisen gemahlener Kardamom
- 1 Prise Chilipulver
- 1 Handvoll Grünkohl (20 g)
- ½ Handvoll frisch gehackte Minzblätter (3 g)
- 1 EL Radieschensprossen
- ⅓ EL Kürbiskerne (3 g)

ZUBEREITUNG:

Den Backofen auf 180 °C vorheizen. Die Süßkartoffel schälen und würfeln, die Zwiebel in feine Ringe schneiden und 10–15 Minuten im Ofen backen. Die Quinoa 1–2-mal unter fließend kaltem Wasser abspülen und mit der Zitronenscheibe nach Packungsangabe gar kochen. Für das Dressing Zitronensaft, Aceto balsamico, Ahornsirup und Sojasauce mit den Gewürzen verrühren. Die gekochte Quinoa mit dem Dressing und der Minze vermengen. Die Grünkohlblätter auf einem Teller anrichten, dann Quinoamischung, Süßkartoffel und die Zwiebel daraufgeben. Mit Sprossen und Kürbiskernen garniert servieren.

ZUM ESSEN:

240 ml Kräutertee

1968 KCAL

431 KCAL FRÜHSTÜCK **E** 23g **F** 32g **KH** 11g

Omelett mit Mandelbutter

ZUTATEN:

- 2 Eier, Größe M (126 g)
- 1 EL Kokoschips (6 g)
- 2 EL Kokosmilch (30 ml)
- 1 EL entöltes Kokosmehl (13 g)
- 1 Prise Meersalz
- ¼ EL natives, kaltgepresstes Kokosöl (3,5 g)
- 1 EL Mandelbutter (20 g)

ZUBEREITUNG:

Die Eier in einer Schüssel mit Kokoschips, Kokosmilch, Mehl und Salz verrühren. Das Kokosöl in einer Pfanne zerlassen, die Eimasse hineingeben und abdecken. Wenn die Mischung gestockt ist, das Omelett wenden. Das Omelett auf einen Teller legen und mit der Mandelbutter bestreichen.

ZUM ESSEN:

240 ml grüner Tee

183 KCAL VOR DEM TRAINING **B** 3g **F** 1g **KH** 45g

Kiwi-Smoothie

ZUTATEN:

- 2 Kiwis (150 g)
- 1 Scheibe Ananas (80 g)
- ¼ Banane (50 g)
- 2 EL frischer Limettensaft (12 g)
- 80 ml Wasser
- 1 TL gefriergetrocknetes Bio-Spinatpulver, nach Belieben (2 g)

ZUBEREITUNG:

Alle Zutaten im Standmixer pürieren.

297 KCAL NACH DEM TRAINING **E** 19g **F** 9g **KH** 35g

Protein-Hirse-Brei

ZUTATEN:

- **2½ EL Hirse (32,5 g)**
- **120 ml Mandelmilch**
- **1 TL abgeriebene Orangenschale**
- **1 TL Mandelbutter (10 g)**
- **15 g Reisprotein**
- **½ g Gewürznelken, zerstoßen**
- **¼ TL Zimtpulver (1 g)**
- **1 Scheibe Orange (40 g)**
- **1 TL gefriergetrocknetes Bio-Cranberry-Pulver, nach Belieben (2 g)**

ZUBEREITUNG:

Die Hirse 1–2-mal unter fließend kaltem Wasser abspülen und nach Packungsangabe mit Mandelmilch kochen. Die Orangenschale einrühren. Gegebenenfalls etwas Wasser hinzufügen. Mandelbutter und Reisprotein in den Hirsebrei rühren. Anschließend zerstoßene Gewürznelken und Zimt hinzufügen und mit der Orangenscheibe dekorieren. Nach Belieben mit Cranberry-Pulver bestreuen.

431 KCAL MITTAGESSEN **E** 45g **F** 15g **KH** 36g

Hähnchenfilet mit Brokkolipüree

ZUTATEN:

- 150 g Hähnchenbrustfilet
- 1 Prise Meersalz
- 1 Prise frisch gemahlener schwarzer Pfeffer
- 2 Prisen Kräuter der Provence
- 1 TL frisch gehackte Petersilie (6 g)
- 5 Scheiben getrocknete Tomaten (35 g)
- 2 Handvoll Rucola (40 g)

ZUBEREITUNG:

Das Fleisch mit Salz, Pfeffer und Kräutern der Provence bestreuen und im Dampfgarer zubereiten. Alternativ in einer Antihaft-Pfanne ohne Fett gar braten. Mit der gehackten Petersilie bestreuen und mit getrockneten Tomaten und Rucola servieren.

Brokkolipüree

ZUTATEN:

- ½ Zwiebel (55 g), abgezogen
- 250 g Brokkoli
- ¾ EL natives, kaltgepresstes Kokosöl (11 g)
- 120 ml Wasser
- ¼ TL Meersalz (1,5 g)
- 2 Prisen frisch gemahlener schwarzer Pfeffer
- ⅕ TL gemahlene Kurkuma (1 g)

ZUBEREITUNG:

Die Zwiebel würfeln, den Brokkoli in Röschen zerteilen. Das Öl in einem Topf erhitzen und die Zwiebel darin glasig dünsten. Brokkoli und Wasser zugeben. Wenn der Brokkoli weich ist, Salz, Pfeffer und Kurkuma hinzufügen und alles zusammen pürieren.

ZUM ESSEN:

240 ml Mineralwasser

227 KCAL SNACK **E** 30g **F** 5g **KH** 17g

Salat mit Hähnchen und Rucola

ZUTATEN:

- 120 g Hähnchenbrustfilet ohne Haut
- 1 Prise Meersalz
- 1 Prise frisch gemahlener schwarzer Pfeffer
- ¼ TL Kräuter der Provence (1 g)
- 1 Tomate oder 5 Cocktailtomaten (80 g)
- 3 Scheiben getrocknete Tomaten (21 g)
- ½ TL Mandelbutter (5 g)
- 1 TL Dijon-Senf (10 g)
- 1 EL frisch gepresster Zitronensaft (6 g)
- 1 Prise gemahlene Kurkuma
- 1 Handvoll Rucola (20 g)

ZUBEREITUNG:

Das Fleisch in kleine Würfel schneiden und mit Salz, Pfeffer und Kräutern der Provence bestreuen. Danach das Fleisch dampfgaren, alternativ in einer Antihaft-Pfanne ohne Fett gar braten. Frische und getrocknete Tomaten in Würfel schneiden. Die Mandelbutter mit Senf, Zitronensaft und Kurkuma zu einem Dressing rühren und über den Rucola gießen. Zum Schluss Hähnchen und Tomaten hinzufügen und servieren.

400 KCAL ABENDESSEN **E** 8g **F** 9g **KH** 77g

Süßkartoffel-Pommes

ZUTATEN:

- 1 Süßkartoffel (300 g)
- ⅓ EL natives, kaltgepresstes Kokosöl (5 g)
- ¼ TL getrockneter Thymian (1 g)
- ⅕ TL Meersalz (1 g)
- 2 Prisen Rosenpaprikapulver

ZUBEREITUNG:

Den Backofen auf 220 °C vorheizen. Die Süßkartoffel schälen und in Stifte schneiden. Mit zerlassenem Kokosnussöl beträufeln und mit Thymian, Salz und Paprikapulver bestreuen. Im vorgeheizten Ofen 20 Minuten backen.

Selbst gemachter Ketchup

ZUTATEN:

- 3 Tomaten (240 g)
- 1 Knoblauchzehe (5 g), abgezogen
- ½ TL natives Olivenöl extra (2,5 g)
- ½ TL Kokoszucker (5 g)
- ½ TL Apfelessig (1,5 ml)
- 1 TL Dijon-Senf (10 g)
- 1 Prise Rosenpaprikapulver
- 1 Prise Kräuter der Provence
- 1 Prise Meersalz
- 1 Prise frisch gemahlener schwarzer Pfeffer

ZUBEREITUNG:

Die Tomaten mit heißem Wasser überbrühen, die Haut entfernen und entkernen. In Würfel schneiden und mit den anderen Zutaten pürieren.

ZUM ESSEN:

240 ml Kräutertee

2411 KCAL

468 KCAL FRÜHSTÜCK **E** 39g **F** 34g **KH** 2g

RühREI mit Schinken und Schnittlauch

ZUTATEN:

- ¼ EL natives, kaltgepresstes Kokosöl (3,5 g)
- 3 Eier, Größe L (219 g)
- 3 Prisen Meersalz
- 3 Prisen frisch gemahlener schwarzer Pfeffer
- 3 Scheiben Parmaschinken, klein geschnitten (45 g)
- 2 EL Schnittlauch, fein geschnitten (10 g)

ZUBEREITUNG:

Das Öl in einer Pfanne zerlassen. Die Eier darin aufschlagen und vorsichtig verrühren. Salzen und pfeffern. Wenn die Eier zu stocken beginnen, Schinken und Schnittlauch hinzufügen und umrühren. Das Rührei auf einen Teller geben und servieren.

161 KCAL VOR DEM TRAINING **B** 4g **F** 1g **KH** 42g

Energiespritze

ZUTATEN:

- ½ Rote Bete (52,5 g)
- 1 Apfel (150 g)
- 1 Handvoll Spinat (25 g)
- ½ Karotte (22,5 g)
- ½ Orange (125 g)
- 1 Scheibe Ingwerwurzel (10 g)
- 1 Prise Meersalz
- 1 Prise Cayennepfeffer

ZUBEREITUNG:

Gemüse und Obst waschen und gegebenenfalls schälen. Mit Wasser bedecken und alles pürieren. Salzen und pfeffern.

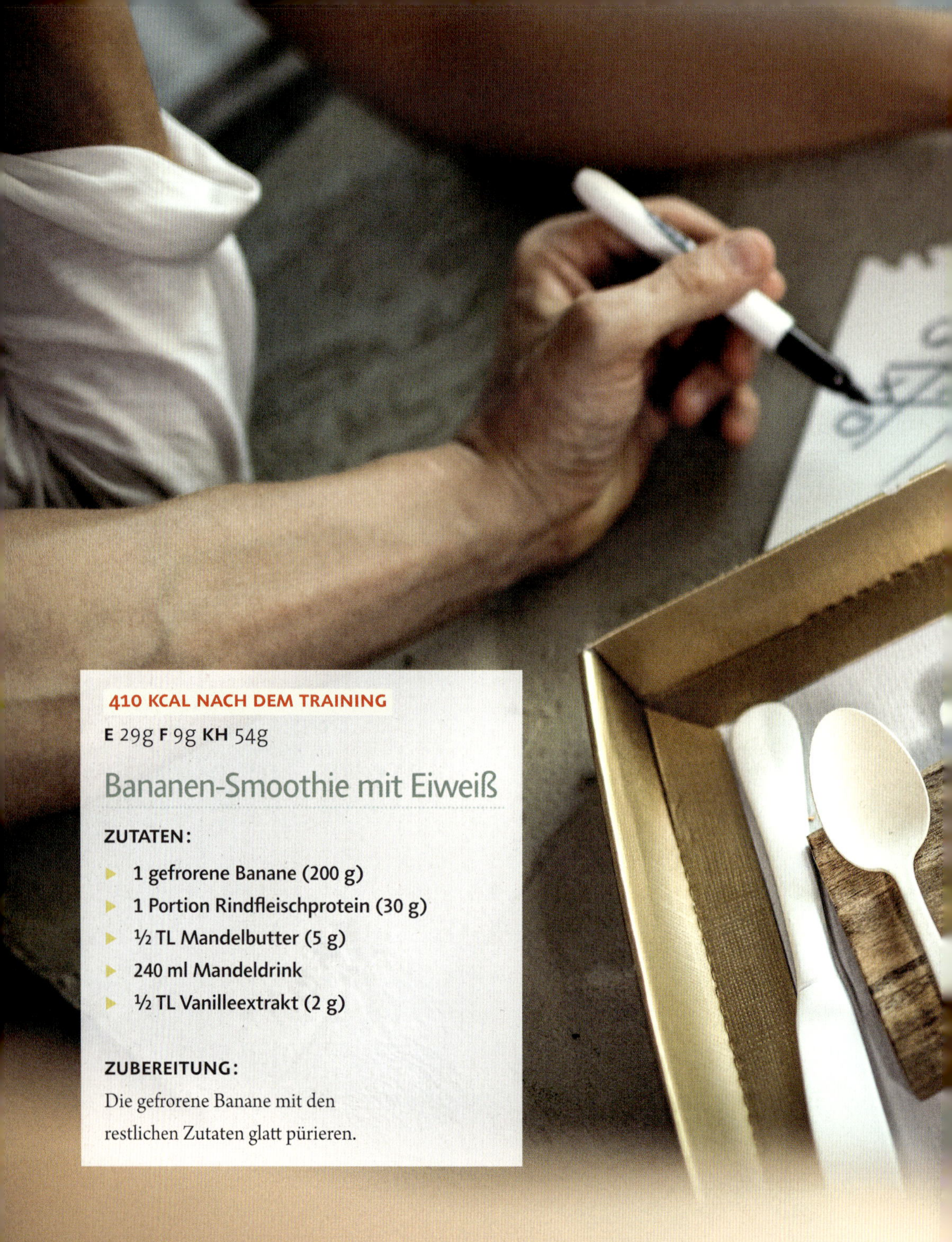

410 KCAL NACH DEM TRAINING

E 29g **F** 9g **KH** 54g

Bananen-Smoothie mit Eiweiß

ZUTATEN:

- 1 gefrorene Banane (200 g)
- 1 Portion Rindfleischprotein (30 g)
- ½ TL Mandelbutter (5 g)
- 240 ml Mandeldrink
- ½ TL Vanilleextrakt (2 g)

ZUBEREITUNG:

Die gefrorene Banane mit den restlichen Zutaten glatt pürieren.

785 KCAL MITTAGESSEN E 60g **F** 20g **KH** 112g

Putenbrustfilet in Champignonsauce mit Hirse

ZUTATEN:

- 150 g Putenbrustfilet
- ¼ TL Meersalz (1,5 g)
- 2 Prisen frisch gemahlener schwarzer Pfeffer
- ½ TL Paprikapulver edelsüß (2 g)
- 3 Prisen Currypulver
- ¼ TL getrockneter Thymian (1 g)
- 1 rote Paprikaschote (230 g), entkernt
- ¾ Zwiebel (82,5 g), abgezogen
- 1 Knoblauchzehe (5 g), abgezogen
- ⅓ TL geklärte Butter (2,5 g)
- 1 Handvoll getrocknete Mischpilze (20 g)
- 1 EL entöltes Kokosmehl (13 g)
- 57,5 ml Kokosmilch 18 % Fett
- 2 Blätter Liebstöckel (2 g)
- 2 TL frisch gehackte Petersilie (12 g)

ZUBEREITUNG:

Das Fleisch in Würfel schneiden und mit Salz, Pfeffer, Paprikapulver, Currypulver und Thymian würzen. Paprika, Zwiebel und Knoblauch in Würfel schneiden. Die Butter in einer Pfanne erhitzen und Gemüse und Pilze darin anbraten. Nach einigen Minuten das Fleisch hinzufügen. Das Ganze noch etwa 15 Minuten schmoren lassen. Das Mehl mit etwas Wasser und der Kokosmilch mischen und zum Ende des Garvorgangs zugießen. Alles mit Salz, Pfeffer und Liebstöckel abschmecken. Mit der Petersilie bestreut servieren.

Hirse

ZUTATEN:

- 90 g Hirse
- 2 Prisen Meersalz

ZUBEREITUNG:

Die Hirse vor dem Kochen 1–2-mal unter fließend kaltem Wasser abspülen. Nach Packungsangabe zubereiten und nach Belieben salzen.

276 KCAL SNACK **E** 6g **F** 17g **KH** 28g

Trockenobst und Nüsse

- 2 EL ungeschwefelte getrocknete Cranberrys ohne Zuckerzusatz (24 g)
- 1 Handvoll Cashewnüsse (35 g)

311 KCAL ABENDESSEN **E** 8g **F** 10g **KH** 53g

Salat mit Hirse, Roter Bete und Petersilie

ZUTATEN:

- 3 EL Hirse (39 g)
- 2 Rote Beten, gekocht (240 g)
- 2 TL frische, fein gehackte Petersilie
- 2 Prisen frisch gemahlener schwarzer Pfeffer
- 2 Prisen Meersalz

ZUBEREITUNG:

Die Hirse vor dem Kochen 1–2-mal unter fließend kaltem Wasser abspülen und nach Packungsangabe zubereiten. Die Rote Bete schälen und würfeln und alle Zutaten vermischen.

3002 KCAL

694 KCAL FRÜHSTÜCK **E** 42g **F** 50g **KH** 26g

Gefüllte Eier mit getrockneten Tomaten und Avocado

ZUTATEN:

- 4 Eier, Größe L (292 g)
- 1 reife Avocado (140 g)
- 4 Scheiben getrocknete Tomaten (28 g)
- 1 Prise Himalayasalz
- 1 Prise frisch gemahlener schwarzer Pfeffer
- 1 Prise getrockneter Thymian

ZUBEREITUNG:

Die Eier hart kochen, halbieren und das Eigelb herauslösen. Die Eigelbe und den Rest der Zutaten in eine Schüssel geben und alles mit einer Gabel zerdrücken. Die Eiweißhälften mit der Mischung füllen.

ZUM ESSEN:

240 ml Wasser

319 KCAL VOR DEM TRAINING **B** 6g **F** 12g **KH** 52g

Hirse mit Avocado-Bananen-Creme

ZUTATEN:

- 2½ EL Hirse (32,5 g)
- ½ Banane (100 g)
- ½ reife Avocado (70 g)

ZUBEREITUNG:

Die Hirse vor dem Kochen 1–2-mal unter fließend kaltem Wasser abspülen und nach Packungsangabe zubereiten. Die Banane mit der Avocado mixen. Die fertige Bananen-Avocado-Creme über die Hirse geben.

366 KCAL NACH DEM TRAINING **E** 27g **F** 4g **KH** 56g

Schoko-Bananen-Protein-Smoothie

ZUTATEN:

- **¾ Banane (150 g)**
- **120 ml Reismilch**
- **1 TL ungesüßtes Kakaopulver (5 g)**
- **1 Portion Reisprotein (30 g)**
- **1 TL gefriergetrocknetes Bio-Spinatpulver, nach Belieben (2 g)**

ZUBEREITUNG:

Alle Zutaten im Standmixer pürieren.

766 KCAL MITTAGESSEN **E** 70g **F** 5g **KH** 113g

Reis mit Zitronenhuhn und Brokkolipüree*

Reis

- 135 g Basmatireis

ZUBEREITUNG:

Den Reis vor dem Kochen 1–2-mal unter fließend kaltem Wasser abspülen und nach Packungsangabe zubereiten.

Zitronen-Huhn mit Spinat

ZUTATEN:

- 250 g Hähnchenbrustfilet
- 1 Prise Himalayasalz
- 1 Prise frisch gemahlener schwarzer Pfeffer
- 1 Prise getrockneter Thymian
- 1 EL abgeriebene Zitronenschale (16 g)
- 1 EL frisch gepresster Zitronensaft (6 g)
- 4 Handvoll Spinat (100 g)

ZUBEREITUNG:

Den Backofen auf 190 °C vorheizen. Das Fleisch mit Salz, Pfeffer, Thymian und Zitronenschale einreiben, mit Zitronensaft beträufeln und den Spinat darauflegen. Im vorgeheizten Ofen 30 Minuten abgedeckt backen.

* Zwischen Reis und Huhn halte eine Pause von mindestens 30 Minuten ein.

Brokkolipüree

ZUTATEN:

- 125 g Brokkoli
- 1 TL Dill, fein geschnitten (4 g)
- 1 Prise Himalayasalz
- 1 Prise frisch gemahlener schwarzer Pfeffer

ZUBEREITUNG:

Den Brokkoli in kleine Röschen zerteilen, dann kochen. Pürieren und mit Dill vermengen. Mit Salz und Pfeffer abschmecken.

ZUM ESSEN:

240 ml Mineralwasser

255 KCAL SNACK **E** 7g **F** 17g **KH** 24g

Trockenobst und Nüsse

- 1 Handvoll Cashewnüsse (35 g)
- 2 ungeschwefelte getrocknete Aprikosen (20 g)

602 KCAL ABENDESSEN **E** 15g **F** 24g **KH** 89g

Avocadosalat mit getrockneten Tomaten

ZUTATEN:

- 90 g Hirse
- 1 reife Avocado (140 g)
- 4 Scheiben getrocknete Tomaten (28 g)
- 1 TL frische, fein gehackte Petersilie (6 g)
- 1 Prise Himalayasalz
- 1 Prise frisch gemahlener schwarzer Pfeffer

ZUBEREITUNG:

Die Hirse vor dem Kochen 1–2-mal unter fließend kaltem Wasser abspülen und nach Packungsangabe zubereiten. Die Avocado schälen, entsteinen und in kleine Würfel schneiden, die Tomaten ebenfalls klein schneiden und mit der Petersilie vermengen. Alle Zutaten mischen und mit Salz und Pfeffer abschmecken.

ZUM ESSEN:

240 ml Mineralwasser

4 BASISTRAINING

DO IT.

Bei der Zusammenstellung dieses Trainings ließ ich mich von den Sportarten inspirieren, die ich seit Jahren ausübe, nämlich Karate und Fitness-Training. Die Übungen sind sowohl sicher als auch effektiv und alles andere als langweilig. Ich hoffe, dass meine Trainingsprogramme dich motivieren, regelmäßig zu trainieren.

Denk daran, während des Trainings zu trinken!

Bereite dir vor jedem Training eine Flasche Wasser oder ein selbst gemachtes isotonisches Getränk vor.

Isotonisches Getränk

ZUTATEN:

- 200 ml Fruchtsaftkonzentrat (z. B. Granatapfel, Orange, Ananas)
- 800 ml Wasser
- 1 TL Himalaya- oder Meersalz
- 1 Prise Cayennepfeffer

Oberstes Gebot bei jedem guten und sicheren Training → **Denk ans Aufwärmen.**

Das Warm-up ist ein sehr wichtiges Element, das unseren Körper auf körperliche Aktivität vorbereiten soll. Das Aufwärmen erhöht sanft die Körpertemperatur, lockert die Muskeln, **verbessert den Kohlenhydratverbrauch, erhöht die Hormonkonzentration,** stimmt unseren Sauerstoffverbrauch ab und bereitet das Blut und Lymphsystem auf den Belastungsmodus vor.

WARM-UP VOR JEDEM TRAINING

1

Marschieren – Auf der Stelle gehen, dabei die Knie hochziehen und die Arme diagonal mitnehmen.

2

Armkreisen – Im Stehen die Arme zur Seite strecken und kleine Armkreise ausführen. Blick nach vorn.

3

High Knees – Auf der Stelle laufen, dabei die Knie hochziehen.

4

Anfersen – Auf der Stelle laufen und dabei die Fersen zum Po ziehen.

5

Sumo-Squat-Beinkreisen – Die Füße etwas weiter als hüftbreit aufstellen. Dann langsam in eine tiefe Hocke gehen, es sollte nicht schmerzen. Beim Zurückkehren in den Stand ein Bein nach außen kreisen. Langsam und genau üben. Dann mit dem anderen Bein kreisen und so fortfahren.

6

Diagonaler Tap nach hinten – Die Füße hüftbreit aufstellen, ein Bein zum Gesäß ziehen und die Fußsohle mit der gegenüberliegenden Hand antippen. Dann den anderen Fuß und die andere Hand nehmen. Blick in Richtung angehobenem Fuß.

7

Seitsprünge – Von einem Bein aufs andere springen, dabei das Sprungbein stabil halten. Die Arme schwingen im großen Bogen mit.

Jede Übung **30 Sekunden** ausführen.

GUT GEMACHT!

Und nun zum nächsten Training.

NIKE

CARDIO

Dieses Training ist für diejenigen gedacht, die Fettgewebe verbrennen und Kondition sowie Körperform verbessern wollen. Während des Cardio-Trainings trainierst du auch deine Ausdauer und Fitness.

Level 1 – Trainingsvariante für Anfänger und leicht Fortgeschrittene
Level 2 – Trainingsvariante für Fortgeschrittene

TRAINING – LEVEL 1

1

Jumping Jack (Hampelmann) – Die Füße dicht nebeneinanderstellen, die Arme hängen seitlich neben dem Körper. Beim Springen die Arme in einem Kreis nach oben führen und gleichzeitig die Beine grätschen. Beim nächsten Sprung in die Ausgangsposition zurückkehren. Knie leicht beugen.

PAUSE: 10 SEKUNDEN

Mountain Climbers

2

Die Liegestütze-Position einnehmen, dabei Bauch und Gesäß so anspannen, dass der Körper eine Linie bildet. Abwechselnd das rechte und das linke Knie zur Brust ziehen.

PAUSE: 10 Sekunden

3

Seitlicher Squat – Die Füße hüftbreit auseinanderstellen. Die Knie beugen, dabei ist der Rücken gerade und die Knie ragen nicht über die Fußspitzen hinaus. Mit gebeugten Armen und gefalteten Händen einen Schritt zur Seite machen, dann in die Ausgangsposition zurückkehren.

PAUSE: 10 Sekunden

4

Karate-Seitsprung mit Haken
Die Füße dicht nebeneinanderstellen und die Knie leicht beugen. Mit beiden Beinen leicht zur Seite springen, dabei mit einem Arm einen Punch ausführen.

PAUSE: 10 Sekunden

WIEDERHOLUNGEN: Jede Übung mindestens 30 Sekunden ausführen. Denk daran, je länger du trainierst, umso mehr erhöhst du die Intensität und das Level deines Trainings.

Jede Sequenz 3-5-mal wiederholen.

TRAINING – LEVEL 2

1

Karate-Boxen – Die Hände zu Fäusten machen und auf der Stelle laufen. Dabei kräftige Punchs ausführen. Atmen und das Tempo halten!

PAUSE

2

Annas Burpees – Diese Übung fordert den ganzen Körper. Hochspringen, in die Hocke gehen, mit den Händen abstützen und mit beiden Beinen in die Liegestützposition springen. In die Ausgangsposition zurückkehren.

PAUSE

3

Jumping Jacks (Hampelmann) – Die Füße dicht nebeneinanderstellen, die Arme hängen seitlich neben dem Körper. Beim Springen die Arme in einem Kreis nach oben führen und gleichzeitig die Beine grätschen. Beim nächsten Sprung in die Ausgangsposition zurückkehren. Knie leicht beugen.

Karate-Squat mit Kick – Die Füße hüftbreit nebeneinanderstellen. Mit geradem Rücken in die Hocke gehen, das Brustbein zeigt dabei nach vorn und die Schulterblätter ziehen Richtung Gesäß. Die Knie ragen nicht über die Fußspitzen hinaus. Oberschenkel und Unterschenkel bilden einen rechten Winkel, die Knie liegen knapp über dem Sprunggelenk. Aufrichten und einen kräftigen Kick mit einem Bein ausführen und direkt wieder in die Hocke zurückkehren. Mit dem anderen Bein wiederholen.

PAUSE

4

WIEDERHOLUNGEN: Jede Übung 60 Sekunden durchführen. Jede Sequenz 3–5-mal wiederholen.

GUT GEMACHT!

Jetzt ist es Zeit für einen regenerativen Trainingsshake.

Regenerierender Shake

ZUTATEN:

- **1 TL frisch geriebene Ingwerwurzel**
- **½ TL gemahlene Kurkuma**
- **¼ TL Cayennepfeffer oder schwarzer Pfeffer**
- **Kokoswasser (oder stilles Mineralwasser)**
- **1 Prise Himalaya-Salz**
- **Waldfrüchte**
- **100 ml Granatapfelsaft (100 %)**

WHOLE BODY

Dieses Training fordert den gesamten Körper. Die Übungen kräftigen deinen Körper und formen ihn perfekt. Zusätzlich verbessern sich deine Ausdauer und deine Körperhaltung. Alles gilt deinem Wohlbefinden!

Ich empfehle dieses Training insbesondere Frauen, die sich auf eine Schwangerschaft vorbereiten.

TRAINING – LEVEL 1

WORKOUT 1

1

Kniehebelauf – Auf der Stelle laufen, dabei die Knie hochziehen.

2

Zehenspitzen-Squat

Die Füße hüftbreit auseinanderstellen. Das Brustbein zeigt nach vorn und die Schulterblätter sind zusammengezogen. Mit geradem Rücken in die Hocke gehen. Die Knie ragen nicht über die Fußspitzen hinaus. Zurück in den Stand auf Zehenspitzen kommen.

3

Unterarmstütz – In einen Unterarmliegestütz kommen. Der Körper bildet von den Füßen bis zum Kopf eine gerade Linie wie ein Brett. Der Lendenwirbelbereich sollte nicht gesenkt werden. Bauch und Gesäß sind fest angespannt und der Bauchnabel zieht nach innen. Möglichst lang halten.

4

Kobra-Liegestütz – Diese effektive Übung mag ich sehr. Das Gesäß tief in Richtung Fersen bringen und die Arme nach vorn strecken. Mit der Stirn nach vorn am Boden entlanggleiten, bis der Körper gestreckt ist. Dann mit der Brust aufrichten und das Gesäß zurück zu den Fersen bringen.

5

Unterarmstütz mit Seitschritt – In den Unterarmliegestütz kommen. Der Körper ist gerade wie ein Brett und der Bauch ist fest. Ein Bein zur Seite bewegen und wieder zurück. Mit dem anderen Bein wiederholen.

6

Liegestütz rückwärts – In eine Rückenstützposition kommen. Die Arme sind schulterbreit aufgestellt. Das Gesäß zum Boden senken und wieder hochkommen.

7

Unterarmstütz mit Knie-Touch – In den Liegestütz mit gestreckten Armen kommen. Der Körper bildet von den Füßen bis zum Kopf eine gerade Linie wie ein Brett. Der Lendenwirbelbereich sollte nicht gesenkt werden. Bauch und Gesäß sind fest angespannt. Die Knie berühren abwechselnd den Boden. Auf eine gute Ausrichtung achten und das Tempo beibehalten.

WIEDERHOLUNGEN:
Jede Übung 60 Sekunden durchführen.
Jedes Workout 3–5-mal wiederholen.

TRAINING – LEVEL 1
WORKOUT 2

1

Hip Walking - Mit ausgestreckten Beinen auf den Boden setzen, die Ellenbogen liegen eng am Körper. Nun mit dem Gesäß vorwärts und rückwärts „gehen". Dabei ist das Gesäß fest angespannt.

2

Unterarmstütz mit Schulter-Tap - In den Liegestütz mit gestreckten Armen kommen. Der Körper bildet von den Füßen bis zum Kopf eine gerade Linie wie ein Brett. Der Lendenwirbelbereich sollte nicht gesenkt werden. Bauch und Gesäß sind fest angespannt. Die Hände berühren abwechselnd die Schulter. Auf eine gute Ausrichtung achten. Die Schultern bleiben parallel zum Boden.

3

Unterarm-Liegestütz – In den Liegestütz mit gestreckten Armen kommen. Der Körper bildet von den Füßen bis zum Kopf eine gerade Linie wie ein Brett. Der Lendenwirbelbereich sollte nicht gesenkt werden. Bauch und Gesäß sind fest angespannt. Abwechselnd die Unterarme auf den Boden legen.

4

Klassische Crunches – In die Rückenlage kommen, die Beine vor dem Gesäß aufstellen und die Hände hinter dem Kopf verschränken. Mit festem Bauch hochkommen. Dabei drückt der Lendenwirbelbereich fest gegen den Boden.

5

Karate-Russian-Twist – Eine Rumpfdrehung mit Cross-Punches. Ausgangsposition: Mit hüftbreit aufgestellten Beinen hinsetzen. Den Rücken gerade halten und die Bauchmuskeln aktivieren. Abwechselnd je einen Punch mit dem rechten und dem linken Arm ausführen.

6

Crunches mit gestreckten Armen – In der Rückenlage den Lendenwirbelsäulenbereich fest in den Boden drücken und die Bauchmuskeln aktivieren. Mit nach hinten gestreckten Armen leicht nach oben kommen.

7

Superman – In die Bauchlage kommen. Die Ellenbogen beugen, dabei die Schultern am Rücken zusammenziehen. Brust und Beine vom Boden abheben.

8

Bird Dog (diagonales Heben) – In den Vierfüßlerstand kommen. Den rechten Arm und das linke Bein heben, zurückkommen und den linken Arm und das rechte Bein heben. Dabei die Muskeln fest anspannen.

WIEDERHOLUNGEN: Jede Übung 60 Sekunden durchführen. Jedes Workout 3–5-mal wiederholen.

TRAINING – LEVEL 2
WORKOUT 1

Die Füße hüftbreit aufstellen. Das Brustbein zeigt nach vorn und die Schulterblätter sind zusammengezogen. Mit geradem Rücken in die Hocke gehen. Die Knie sollten dabei nicht über die Fußspitzen hinausragen. Hochspringen und in die Ausgangsposition zurückkehren

1

Dreifach-Squat mit Sprung – Aus dem aufrechten Stand in eine breite Hocke gehen, hochspringen und in eine engere Hocke gehen. Abwechselnd wiederholen, das Tempo halten.

2

Karate-Knieheben – Aufrecht auf ein leicht gebeugtes Bein stellen. Das angehobene Bein nach hinten schieben, dann zur Seite und zuletzt das Bein nach oben ziehen. Dabei in Deckung gehen und das Gleichgewicht halten. Die Übung abwechselnd mit dem rechten und dem linken Bein durchführen.

3

Unterarmstütz mit Seitschritt – In den Liegestütz kommen. Der Körper bildet von den Füßen bis zum Kopf eine gerade Linie. Ein Bein zur Seite bewegen und zurück. Die Übung mit dem anderen Bein wiederholen.

4

Klassische Crunches – In die Rückenlage kommen, die Beine vor dem Gesäß aufstellen und die Hände hinter dem Kopf verschränken. Mit festem Bauch hochkommen. Dabei drückt der Lendenwirbelbereich fest gegen den Boden.

5

PAUSE ZWISCHEN DEN SEQUENZEN

WIEDERHOLUNGEN: Jede Übung 60 Sekunden durchführen.

Jedes Workout 3–5-mal wiederholen.

TRAINING – LEVEL 2
WORKOUT 2

1

Sprung mit Seitschritt – Die Füße hüftbreit aufstellen. Ein Bein zur Seite strecken, gleichzeitig die Arme hochnehmen und hochspringen. Abwechselnd mit dem linken und rechten Bein durchführen.

2

Brücke – Aus der Rückenlage das Becken anheben und die Gesäßmuskeln anspannen.

3

Brücke, Knie zusammen – Aus der Rückenlage das Becken anheben und halten. Die Gesäßmuskeln anspannen und die Knie zusammenbringen.

4

Crunches 90 Grad – In der Rückenlage die Beine im 90-Grad-Winkel anziehen. Die Hände hinter dem Kopf verschränken. Mit fest angespanntem Bauch die Schulter anheben. Die Lendenwirbelsäule bleibt auf dem Boden.

5

Klassische Crunches – In der Rückenlage die Beine aufstellen und die Hände hinter dem Kopf verschränken. Mit fest angespanntem Bauch die Schulter heben. Die Lendenwirbelsäule bleibt auf dem Boden.

PAUSE ZWISCHEN DEN SEQUENZEN

WIEDERHOLUNGEN: Jede Übung 60 Sekunden durchführen.

Jedes Workout 3-5-mal wiederholen.

GUT GEMACHT!

Denk ans Stretching!

Stretching ist die erste Stufe einer effektiven Regeneration, denn es reduziert Muskelverspannungen und -schmerzen nach dem Training. Außerdem wirkt es sich positiv auf die Figur aus und minimiert das Risiko von Verletzungen.

Jetzt ist Zeit für einen regenerativen Post-Workout-Shake.

Regenerierender Shake

ZUTATEN:

- 3 Rote Beten, gekocht
- 150 ml Kokosmilch
- ½ TL gemahlene Kurkuma
- ½ TL Zimtpulver
- 1 Dattel
- Saft von ½ Zitrone

KARATE CARDIO

Karate Cardio ist ein Programm für Anfänger und Trainierte. Ziel ist es, die Fettverbrennung zu beschleunigen, die Leistungsfähigkeit zu verbessern und die Figur zu straffen. Die in das Training eingebauten Elemente der Karatetechnik verbessern nicht nur deine Kondition, sondern auch dein Wohlbefinden! Alle Übungen sind sicher, sehr effektiv und vor allem nicht langweilig. Also eine gute körperliche Aktivität für jeden!

Denk immer an eine Flasche mit einem isotonischen Getränk. Trink während und nach dem Training.

Isotonisches Getränk

ZUTATEN:

- 4 gestrichene EL Honig (oder Ahornsirup)
- 900 ml Wasser
- Saft von 1 Zitrone (oder Limette)
- 1 TL Himalaya- oder Meersalz
- 1 Prise Cayennepfeffer

TRAINING – LEVEL 1 UND 2

Karate-Boxen – Die Hände zu Fäusten ballen und auf der Stelle laufen. Dabei kräftige Punchs ausführen. Atmen und das Tempo beihalten.

Squat Karate-Kick – Die Füße hüftbreit nebeneinanderstellen. Mit geradem Rücken in die Hocke gehen, das Brustbein zeigt dabei nach vorn und die Schulterblätter ziehen Richtung Gesäß. Die Knie ragen nicht über die Fußspitzen hinaus. Oberschenkel und Unterschenkel bilden einen rechten Winkel, die Knie liegen knapp über dem Sprunggelenk. Die Hände zu Fäusten ballen, aufrichten und einen kräftigen Kick mit einem Bein ausführen. Direkt wieder in die Hocke zurückkehren. Mit dem anderen Bein wiederholen.

Karate-Haken – Die Füße hüftbreit nebeneinanderstellen. Auf der Stelle laufen und dabei mit den Fäusten einen Aufwärtshaken schlagen, also von unten nach oben.

Karate-Kick nach vorn – In einen aufrechten Stand kommen, Beine leicht beugen. Die Hände zu Fäusten ballen, die Arme beugen. Abwechselnd mit den Beinen einen kräftigen Kick ausführen.

PAUSE

3

4

Karate-Punch zur Seite – Die Füße hüftbreit nebeneinanderstellen. In die Hocke gehen und beim Aufrichten eine seitliche Drehung mit anschließenden Punch ausführen. Die Übung mit der anderen Seite wiederholen.

5

Karate-Halbkreis-Kick – Aufrecht auf ein leicht gebeugtes Bein stellen. Das angehobene Bein nach hinten schieben, dann zur Seite und zuletzt das Bein nach vorn kicken. Dabei in Deckung gehen und das Gleichgewicht halten. Die Übung abwechselnd mit dem rechten und dem linken Bein durchführen.

6

Karate-Burpees – Diese Übung fordert den ganzen Körper. Aus dem Stand in den Liegestütz kommen, dabei nach hinten springen. Hochspringen und nach vorn kicken. Dabei in Deckung gehen.

7

Karate-Boxen – Die Hände zu Fäusten ballen und auf der Stelle laufen. Dabei kräftige Punchs ausführen. Atmen und das Tempo beihalten.

PAUSE

8

9

Seitliche Crunches – In der Rückenlage den Brustkorb leicht anheben. Die Arme neben den Körper legen und abwechselnd mit dem rechten und dem linken Arm die jeweilige Ferse berühren.

10

Fersen-Crunches – In der Rückenlage den Brustkorb leicht anheben. Die Arme neben den Körper legen und mit beiden Händen die Fersen berühren.

11

Karate-Russian-Twist – Eine Rumpfdrehung mit Cross-Punches. Ausgangsposition: Mit hüftbreit aufgestellten Beinen hinsetzen. Den Rücken gerade halten und die Bauchmuskeln aktivieren. Abwechselnd je einen Punch mit dem rechten und dem linken Arm ausführen.

12

Schwimmer rückwärts – In der Bauchlage abwechselnd einen Arm nach hinten strecken und den Kopf in die Richtung dieser Hand drehen.

PAUSE: 30 Sekunden

WIEDERHOLUNGEN: Jede Übung 60 Sekunden durchführen.

3–5-mal wiederholen.

GUT GEMACHT!

Du bist ein echter Fighter!

CHALLENGE

Das Challenge-Training kräftigt den gesamten Körper und bringt ihn in die perfekte Form. Ich garantiere dir, dass du dich von Woche zu Woche besser fühlst und die Wirkung des Trainings siehst! Überprüfe jede Woche deinen Leistungsfortschritt.

Denk immer an eine Flasche mit einem isotonischen Getränk. Trink während und nach dem Training.

Isotonisches Getränk

ZUTATEN:

- 500 ml Apfelsaft
- Saft einer ½ Zitrone
- 2 gestrichene EL Honig
- 400 ml Minze- oder Brennnessel-Aufguss
- etwas Magnesiumpulver
- 1 TL Himalaya- oder Meersalz

TRAINING – LEVEL 1

Squat – Die Füße hüftbreit nebeneinanderstellen. Mit geradem Rücken in die Hocke gehen, das Brustbein zeigt dabei nach vorn und die Schulterblätter ziehen Richtung Gesäß. Die Knie ragen nicht über die Fußspitzen hinaus. Oberschenkel und Unterschenkel bilden einen rechten Winkel, die Knie liegen knapp über dem Sprunggelenk.

1

Liegestütze im Knien – Aus dem Vierfüßlerstand die Knie leicht nach hinten ziehen und die Hände unter den Schultern aufsetzen. Mit dem Oberkörper nach vorn kommen, bis das Brustbein fast den Boden berührt, die Ellenbogen liegen dabei eng am Körper. Die Übung langsam durchführen.

2

Klassische Crunches – Presse den Bauch in der Liegeposition, während du die Hände hinter dem Kopf hältst. Der Lendenwirbelbereich soll fest gegen den Boden gedrückt werden.

3

4

Superman – In die Bauchlage kommen. Die Ellenbogen beugen, dabei die Schultern am Rücken zusammenziehen. Brust und Beine vom Boden abheben.

WIEDERHOLUNGEN: Jede Übung 60 Sekunden durchführen. Versuche, die Anzahl der Wiederholungen zu zählen und aufzuschreiben.

TRAINING – LEVEL 2

Squat mit Sprung – Die Füße hüftbreit auseinanderstellen. Mit geradem Rücken in die Hocke gehen, das Brustbein zeigt dabei nach vorn und die Schulterblätter ziehen Richtung Gesäß. Die Knie ragen nicht über die Fußspitzen hinaus. Oberschenkel und Unterschenkel bilden einen rechten Winkel, die Knie liegen knapp über dem Sprunggelenk. Aus dieser Position aufspringen, dabei die Arme nach hinten schwingen lassen. Beim Aufkommen die Knie leicht beugen.

1

Kindeshaltung-Liegestütz – Das Gesäß tief in Richtung Fersen bringen und die Arme nach vorn strecken. Mit festem Bauch in den Liegestütz kommen. Die Knie senken und das Gesäß zurück zu den Fersen bringen.

2

Seitliche Crunches – In der Rückenlage den Brustkorb leicht anheben. Abwechselnd mit der rechten und der linken Hand den jeweils diagonalen Fuß berühren.

3

Schwimmer rückwärts – In der Bauchlage abwechselnd einen Arm nach hinten strecken und den Kopf in die Richtung dieser Hand drehen.

4

WIEDERHOLUNGEN: Jede Übung 60 Sekunden durchführen.

NIKE

Bauch und Po

Dieses Training ist für diejenigen gedacht, die von einem flachen Bauch und einem festen Gesäß träumen. Die folgenden Übungen werden deinen Körper kräftigen und so straffen, dass du dich darin wunderbar fühlen wirst

Denk immer an eine Flasche mit einem isotonischen Getränk. Trink während und nach dem Training.

Isotonisches Getränk

ZUTATEN:

- 2 gestrichene EL Honig
- 1,5 l Sprudelwasser, medium
- 1 TL Himalaya- (oder Meer-)Salz
- 1 daumengroßes Stück Ingwer, gerieben

WORKOUT 1

Klassische Crunches – Presse den Bauch in der Liegeposition, während du die Hände hinter dem Kopf hältst. Der Lendenwirbelbereich soll fest gegen den Boden gedrückt werden.

1

Seitliche Crunches – In der Rückenlage den Brustkorb leicht anheben. Die Arme neben den Körper legen und abwechselnd mit dem rechten und dem linken Arm den jeweiligen Fuß berühren.

2

3

Fersen-Crunches – In der Rückenlage den Brustkorb leicht anheben. Die Arme neben den Körper legen und mit beiden Händen die Fersen berühren.

4

Unterarmstütz-Twist – In einen Unterarmliegestütz kommen. Der Körper bildet von den Füßen bis zum Kopf eine gerade Linie wie ein Brett. Der Lendenwirbelbereich sollte nicht gesenkt werden. Bauch und Gesäß sind fest angespannt und der Bauchnabel zieht nach innen. Die Hüften abwechselnd zur Seite senken.

WORKOUT 2

1

Crunches mit gestreckten Armen – In der Rückenlage den Lendenwirbelsäulenbereich fest in den Boden drücken und die Bauchmuskeln aktivieren. Mit nach hinten gestreckten Armen leicht nach oben kommen

2

Kindeshaltung-Liegestütz – Das Gesäß tief in Richtung Fersen bringen und die Arme nach vorn strecken. Mit festem Bauch in den Liegestütz kommen. Die Knie senken und das Gesäß zurück zu den Fersen bringen.

3

Unterarmstütz mit Knie-Touch – In den Liegestütz mit gestreckten Armen kommen. Der Körper bildet von den Füßen bis zum Kopf eine gerade Linie wie ein Brett. Der Lendenwirbelbereich sollte nicht gesenkt werden. Bauch und Gesäß sind fest angespannt. Die Knie berühren abwechselnd den Boden. Auf eine gute Ausrichtung achten und das Tempo beibehalten.

4

Unterarmstütz, Arme dynamisch – In den Unterarmliegestütz kommen und auf den Unterarmen vorwärts bewegen.

WORKOUT 3

1

Brücke – Aus der Rückenlage das Becken anheben und die Gesäßmuskeln anspannen.

2

Brücke, Knie zusammen – In der Rückenlage das Becken anheben und halten. Die Gesäßmuskeln anspannen und die Knie zusammenbringen.

3

Brücke, Knie dynamisch – In der Rückenlage das Becken anheben und die Gesäßmuskeln anspannen. Die Knie nach innen fallen lassen und wieder nach außen bringen.

Gesunder Rücken – STRONG CORE

Dies ist ein Programm mit Übungen für jeden – unabhängig von Alter und körperlicher Aktivität. Das Training stärkt die wichtigsten tiefen Muskeln, trägt zu einer richtigen Haltung bei und sorgt für eine gute Koordination. Darüber hinaus lindert es Rückenschmerzen und die Folgen schlechter Angewohnheiten.

Stärke deine Muskulatur, damit sie deine Wirbelsäule bei den Bewegungen des Alltags unterstützt. Denk daran, dass der Schlüssel zum Erfolg Technik und Präzision sind und nicht die Geschwindigkeit, mit der du die Übungen ausführst. Deine Wirbelsäule soll dir ein Leben lang dienen, also kümmere dich jetzt um sie.

Denk an eine ausreichende Flüssigkeitsversorgung deines Körpers. Füll eine Flasche mit Wasser oder bereite dir ein isotonisches Getränk zu.

WARM-UP

JEDE ÜBUNG 30 SEKUNDEN DURCHFÜHREN.

1

High Knees – Auf der Stelle gehen, dabei die Knie hochziehen und die Arme diagonal mitnehmen.

2

Arm-Knie-Tap nach vorn – Weitergehen, dabei die Ellenbogen abwechselnd rechts und links an das gegenüberliegende Knie ziehen.

3

Armkreisen – Die Arme zur Seite strecken und kleine Armkreise ausführen. Blick nach vorn.

4

Marschieren mit Armkreisen – Mit hochgezogenem Knie auf der Stelle gehen und dabei die Arme seitlich kreisen.

5

Hand-Fuß-Tap nach hinten – Die Füße hüftbreit aufstellen, ein Bein zum Gesäß ziehen und die Fußsohle mit der gegenüberliegenden Hand antippen. Dann wechseln.

6

Vorbeuge mit Grätsche – Die Füße weiter als hüftbreit aufstellen und den Oberkörper nach vorn beugen. Die Ellenbogen greifen und die Vorbeuge vorsichtig vertiefen.

PAUSE: 15 Sekunden

TRAINING – LEVEL 1 UND 2

WORKOUT 1

1

Unterarmstütz – In einen Liegestütz kommen. Der Körper bildet von den Füßen bis zum Kopf eine gerade Linie wie ein Brett. Der Lendenwirbelbereich sollte nicht gesenkt werden. Bauch und Gesäß sind fest angespannt und der Bauchnabel zieht nach innen. Möglichst lang halten.

2

Seitliche Armstütze (rechts) – Den rechten Unterarm aufstützen, das rechte Knie am Boden absetzen, Fuß zeigt nach hinten. Der Körper bildet von den Füßen bis zum Kopf eine gerade Linie wie ein Brett. Halten.

Seitliche Armstütze (links) – Die Übung auf der anderen Seite ausführen. Halten.

3

Tisch – In der Sitzposition die Beine aufstellen und die Arme hinter dem Körper abstützen. Die Hüften anheben, die Arme sind parallel unter den Schultern und die Füße stehen unter den Knien. Der Körper bildet eine gerade Linie. Gesäß- und Bauchmuskulatur fest anspannen. Den Blick nach oben richten.

3er-SEQUENZ

DAUER JEDER ÜBUNG:

Level 1 – 30 Sekunden

Level 2 – 45 Sekunden

WORKOUT 2

1

Liegestütz rückwärts

In eine Rückenstützposition kommen. Die Arme sind schulterbreit aufgestellt. Das Gesäß zum Boden senken und wieder hochkommen.

2

Superman – In die Bauchlage kommen. Die Ellenbogen beugen, dabei die Schultern am Rücken zusammenziehen. Brust und Beine vom Boden abheben.

3

Hüfte öffnen (links) – Im seitlichen Liegen den Kopf mit der Hand abstützen. Beide Beine im rechten Winkel beugen und das obere Bein heben und senken.

Hüfte öffnen (rechts) – Die Übung auf der anderen Seite ausführen.

3er-SEQUENZ

DAUER JEDER ÜBUNG:

Level 1 – 30 Sekunden

Level 2 – 45 Sekunden

STRETCHING

Stretching ist eine der effektivsten Methoden zur Verbesserung der Mobilität. Richtiges Dehnen beugt Verletzungen vor, erhöht die Beweglichkeit der Gelenke und beschleunigt die Regeneration nach dem Training. Dank dieser Dehnungsübungen kannst du Muskelschmerzen nach dem Training lindern. Die Verletzungsgefahr verringert sich und dein Körper sieht schlanker aus!

Wasser ist Leben! Hab immer eine Flasche Wasser dabei.

1

Vorbeuge mit Grätsche – Die Füße weiter als hüftbreit aufstellen und den Oberkörper nach vorn beugen. Die Ellenbogen greifen und die Vorbeuge vorsichtig vertiefen.

2

Seitliche Vorbeuge mit Grätsche – In der Position bleiben und den Oberkörper abwechselnd zum linken und zum rechten Bein bewegen.

3

Heraufschauender Hund - Das Gesäß auf den Fersen absetzen und die Arme vor dem Körper ausstrecken. Die Hände zum Körper ziehen und gleichzeitig den Oberkörper aufrichten. Den Kopf nach hinten beugen und die Bauchmuskeln fest anspannen.

4

Katze - Dies ist eine typische Übung zur Stärkung der Wirbelsäule. Sie hilft, Kreuzschmerzen entgegenzuwirken. In den Vierfüßlerstand kommen, Oberschenkel und Arme stehen parallel zueinander, die Arme sind unter den Schultern und die Knie hüftbreit. Der Kopf bildet eine gerade Linie mit der Wirbelsäule. Beim Einatmen die Wirbelsäule beugen, den Kopf anheben und nach oben schauen. Beim Ausatmen den Bauch einziehen, die Brust nach innen ziehen und den Kopf senken.

5

Kindeshaltung – Das Gesäß tief in Richtung Fersen bringen und die Arme nach vorn strecken. Die Stirn auf dem Boden ablegen und den Brustkorb so nah wie möglich am Boden halten.

6

Kindeshaltung mit Schulterdehnung – Mit nach vorn gestreckten Armen auf den Fersen sitzen bleiben. Den Kopf leicht heben und einen Arm unter dem anderen durchführen. Mit der anderen Hand am Boden abstützen. In dieser Position verweilen, dann die Seiten wechseln.

7

Kindeshaltung mit Brustdehnung – Mit nach vorn gestreckten Armen auf den Fersen sitzen bleiben. Einen Arm unter dem anderen durchführen. Den anderen Arm nach oben strecken, dabei die Brust nach außen drehen. Der Blick folgt der erhobenen Hand und die Brust ist so nah wie möglich am Boden. In dieser Position verweilen, dann die Seiten wechseln.

8

Heraufschauender Hund – Aus dem Vierfüßlerstand die Brust nach vorn schieben und den Blick nach oben richten. Dann das Gewicht wieder nach zurück verlagern.

9

Fersensitz mit Armdehnung – Im Fersensitz einen Arm seitlich vor die Brust strecken. Mit dem andern Arm in Höhe des Ellenbogens stützen. Dann die Seiten wechseln.

10

Fersensitz mit Trizeps-Dehnung – Im Fersensitz einen Arm hinter dem Kopf nach unten beugen. Die andere Hand hinter den Kopf führen und damit den nach unten gebeugten Arm ganz leicht unterstützen. Dann die Seiten wechseln.

11

Dynamische Wirbelsäule – Aus dem Stand in eine Hocke kommen. Die Hände am Boden aufsetzen und langsam, Wirbel für Wirbel aufrichten. In der aufrechten Position die Schultern nach hinten rollen.

5

MEIN RAT AN EUCH

Viele von euch wissen bereits, dass eine der wichtigsten Säulen meiner Ernährungsphilosophie darin besteht, auf Gluten und Milchprodukte zu verzichten. In diesem Kapitel erkläre ich euch, warum es sich lohnt, diese Inhaltsstoffe zu meiden und wie ihr in eurer täglichen Ernährung ohne sie auskommt. Die meisten von euch kennen meine Meinung dazu, aber ich möchte niemanden von meinen Beweggründen überzeugen oder überreden. Wenn ihr wollt, probiert es aus, es ist immer gut, seinen Körper zu beobachten. ☺

Was ist Gluten?

Gluten ist ein sogenanntes Klebereiweiß, das in vielen gängigen Getreidesorten wie Weizen, Roggen und Gerste enthalten ist. Auch in Hafer sind große Mengen an Gluten enthalten, da er stark mit Weizen verunreinigt ist. **Diese Proteine haben nur einen sehr geringen Nährwert für unseren Körper.**

Warum verzichte ich auf Gluten?

Bis vor kurzem wurde Gluten vor allem mit einer genetisch bedingten Krankheit in Verbindung gebracht – der Zöliakie (Viszeraler Krankheit), die zur Gruppe der Autoimmunerkrankungen gehört. Als Folge davon werden die Dünndarmzotten zerstört. Der einzige bekannte Weg, diese Krankheit zu umgehen, ist durch eine glutenfreie Ernährung. **Doch auch bei Menschen ohne Zöliakie ist eine glutenfreie Ernährungsweise von Vorteil: Blähungen und Magenschmerzen verschwinden und im Körper sammelt sich nicht so viel Wasser an.** Nicht-Zöliakie-Gluten-sensitivität (NCGS) gilt als Erkrankung, die nichts mit der Zöliakie zu tun hat. Diese Erkrankung ist schwer zu diagnostizieren, meist wird empfohlen, Antikörper zu untersuchen, die mit der Reaktion unseres Körpers auf Gluten in Verbindung stehen. Wenn der Antikörperwert zu hoch ist, besteht ein Glutenproblem. Leider ist dieser Test nicht immer zuverlässig, denn bei der Zöliakie kann man einen Anstieg der spezifischen Antikörper beobachten, bei der NCGS jedoch nicht. **Wie können wir dann erkennen, ob wir auf Gluten empfindlich reagieren?** Eine gute Möglichkeit, die ich in meiner Praxis oft empfehle, ist das Überprüfen der Glutenbelastung. Wie funktioniert das? Für einige Zeit (z. B. 1–2 Monate) wenden wir eine restriktive glutenfreie Ernährung an, dann führen wir Gluten in die Ernährung ein – und warten die Wirkung ab. Die meisten kehren zu einer glutenfreien Ernährung zurück, denn es stellt sich heraus, dass viele Beschwerden verschwunden sind, die sie vorher nicht beachtet hatten. Noch gibt es keine Gewissheit, aber viele Studien zeigen, dass Gluten unsere Darmbarriere zerstören kann, was zum Eindringen von Schadstoffen aus der Umwelt, zur Aktivierung des Immunsystems und somit zur Entwicklung von Entzündungen führt. Heutzutage ist Gluten fast überall vorhanden, man findet es nicht nur in Nudeln und Mehl, sondern auch in Lebensmitteln, die von Natur aus glutenfrei sind, wie z. B. Fleischprodukte. Es ist offensichtlich, dass eine so große Menge an Gluten keinen positiven Einfluss auf unsere Gesundheit hat. **Nachdem ich es aus meiner Ernährung entfernt hatte, fühlte ich eine Steigerung der Energie und Leistungsfähigkeit. Die Müdigkeit nahm ab, und die Bauchschmerzen hörten auf. Ich habe es ausprobiert und weiß nun, dass ich nicht zu Gluten zurückkehre. Versucht es auch einmal – ihr werdet euch wahrscheinlich über das Ergebnis wundern!**

Welche Lebensmittel sind richtig?

Auf glutenhaltiges Getreide zu verzichten sollte nicht besonders schwierig sein, denn wir haben eine große Auswahl an glutenfreien Getreideprodukten, die zudem mehr Nährstoffe enthalten als zum Beispiel Weizen.

- Reis
- Buchweizen
- Quinoa
- Hafer (zertifiziert)
- Hirse
- Sorghumhirsen
- Amaranth
- Teff (Zwerghirse)
- Mais

Wie sieht es mit Milchprodukten aus?

Schon von klein auf hören wir, dass Milchprodukte ein wesentlicher Bestandteil unserer Ernährung sind. Leider haben sie jedoch oft einen verminderten Nährwert und sind zudem eine Ursache für Intoleranz und Allergien. Viele Erwachsene verzichten auf Milchprodukte, weil sie davon Darmbeschwerden bekommen. **Dabei kann das Absetzen von Milchprodukten (ähnlich wie bei Gluten) dabei helfen, Magen-Darm Beschwerden zu beseitigen.**

Milcheiweißallergien (Eiweißunverträglichkeit) betreffen in der Regel Säuglinge und Kleinkinder, bei denen im Laufe der Zeit die Symptome einer Allergie verschwinden. Der größte Eiweißbestandteil des Milcheiweißes ist Kasein, das besonders immunogen ist und eine Immunreaktion auslöst. Die Symptome einer Milchallergie können sehr unterschiedlich sein, von Bauchschmerzen, Blähungen und Durchfall bis hin zu tränenden Augen, Ausschlag und Schnupfen. Oft merken wir nicht, dass ausgerechnet Milch die Ursache unseres Leidens ist …

Und was ist mit Laktose? Laktoseintoleranz ist eine der häufigsten Nahrungsmittelunverträglichkeiten bei Erwachsenen. Sie wird durch das Verschwinden der Laktase, eines Enzyms, das Laktose spaltet, verursacht. Nach dem Verzehr von Milchprodukten verspüren immer mehr Menschen unangenehme Auswirkungen: Durchfall, Blähungen, Völlegefühl oder Übelkeit. Laktosefreie Produkte oder der Verzicht auf Milchprodukte sind der Lebensretter.

Wenn keine Milchprodukte, was dann?

Die ausreichende Proteinversorgung in einer milchfreien Ernährung sollte auch bei aktiven Sportlern keine größeren Probleme bereiten. Eier, Fisch, mageres Fleisch oder Nüsse sind eine gute Quelle für vollwertiges Protein. Falls ihr auf die Milchprodukte verzichtet, denkt an die richtige Versorgung mit Calcium und Vitamin D. Fisch und Meeresfrüchte, Bohnen, Petersilie und pflanzliche Getränke sind gute Calciumquellen. Damit Calcium gut aufgenommen werden kann, ist der richtige Vitamin-D-Spiegel, über den ich in den einleitenden Kapiteln geschrieben habe, unerlässlich.

Ich möchte nicht mit Verboten enden … Ich habe einen Vorschlag für euch, um euren Stoffwechsel anzukurbeln, eure Immunität zu stärken und euer Wohlbefinden zu steigern. Also kommen wir ganz kurz zum Thema Adaptogene. Für mich sind sie ein absoluter

Knaller, der die Regeneration unterstützt, besonders in härteren Trainingszeiten oder bei geschwächter Immunabwehr.

Adaptogene sind natürliche Substanzen meist pflanzlichen Ursprungs, die seit Jahrhunderten in der Medizin verwendet werden. Sie zeigen ein breites Wirkungsspektrum und haben selten Wechselwirkungen mit Medikamenten oder Ergänzungsmitteln (sie sind relativ sicher). **Die in den Adaptogenen enthaltenen Inhaltsstoffe sorgen für das Gleichgewicht im Körper, regulieren das Immunsystem, unterstützen das Nerven- und Herz-Kreislauf-System, helfen beim Stressabbau und weisen oft starke antioxidative Eigenschaften auf.** Bei manchen Sportarten sind die Sportler einem dauerhaften Stress ausgesetzt. Kontinuierliches „Overclocking“ und ein extrem intensives Training sowie eine Reduzierung der Kalorienzufuhr bei Personen, die ihr Körpergewicht reduzieren wollen, führen zu einer Erhöhung des Cortisolspiegels und einem erhöhten oxidativen Stress. Wenn die erzielte Leistung nicht im angemessenen Verhältnis zu eurem Arbeitsaufwand steht, könnt ihr Adaptogene einsetzen, um euer Gleichgewicht schneller wieder auf Kurs zu bringen. Die folgenden Substanzen haben eine stark belebende Wirkung, erhöhen die Konzentration und bauen Stress ab, sie stärken Immunsystem und Ausdauer.

Die bekanntesten Adaptogene sind:

- Ashwagandha (Schlafbeere)
- Astragaluswurzel (Tragant)
- Cordyceps-Pilz (Reishi)
- Ginseng
- Gotu Kola (Indischer Wassernabel)
- Indisches Basilikum
- Rosenwurz
- Schisandra
- Süßhölzer

GLOSSAR

- **Adaptogene** – Adaptogene sind natürliche Substanzen meist pflanzlichen Ursprungs, die seit Jahrhunderten in der Medizin verwendet werden. Sie zeigen ein breites Wirkungsspektrum und haben selten Wechselwirkungen mit Medikamenten oder Ergänzungsmitteln (sie sind relativ sicher). Die in den Adaptogenen enthaltenen Inhaltsstoffe sorgen für das Gleichgewicht im Körper, regulieren das Immunsystem, unterstützen das Nerven- und Herz-Kreislauf-System, helfen beim Stressabbau und weisen oft starke antioxidative Eigenschaften auf.

- **Aminosäuren** – die Bausteine von Proteinen. Sie werden unterteilt in endogene (vom menschlichen Körper produzierte) und essenzielle (der menschliche Körper kann sie selbst nicht herstellen und sie müssen mit der Nahrung zugeführt werden) und zwei semi-essenzielle Aminosäuren: Arginin und Histidin (der menschliche Körper kann sie zwar selbst produzieren, allerdings bis zur Pubertät nicht in der ausreichenden Menge)

- **Ballaststoffe** – verschiedene Substanzen, meist pflanzlichen Ursprungs, die von menschlichen Verdauungsenzymen nicht verdaut werden. Sie sind eine Mischung aus Polysacchariden (z. B. Cellulose, Pektin, Hemicellulose) und Nicht-Polysaccharid-Substanzen (Cutin, Lignin). Eine ausreichende Ballaststoffzufuhr ist für das reibungslose Funktionieren des Körpers unerlässlich.

- **Einfach ungesättigte Fettsäuren** – dazu gehören Öl-, Palmitoleinsäure- und Erucasäure. Einfach ungesättigte Fettsäuren haben in ihrer chemischen Struktur eine Doppelbindung am neunten Kohlenstoffatom und gehören damit zu den Omega-9-Fettsäuren. Wichtigster und häufigster Vertreter der einfach ungesättigten Fettsäuren ist die Ölsäure, die in großen Mengen in Olivenöl oder Rapsöl enthalten ist. Omega-9-Fettsäuren senken das „schlechte Cholesterin" LDL im Blut, ohne das „gute" HDL zu senken. Sie sind Baustoffe für unsere Zellen, helfen, das Herz gesund zu halten, regulieren den Blutdruck und schützen vor Krebs. Studien zeigen, dass eine Ernährung mit einfach ungesättigten Fettsäuren den menschlichen Körper positiv beeinflusst und vor Herz-Kreislauf-Erkrankungen schützt (z. B. die mediterrane Diät). Reichlich vorhanden sind die einfach ungesättigten Fettsäuren in Olivenöl, Rapsöl, Sojaöl und Sesamöl, sowie Haselnüssen, Mandeln und Avocados.

- **Einfache Kohlenhydrate (Monosacharide)** – Jeder Einfachzucker besteht aus einer Kette von mindestens 3 Kohlenstoff-Atomen. Dazu gehören: Glukose, Fruktose, Galaktose, Mannose oder Ribose, wobei Glukose der häufigste Einfachzucker ist. Sie bildet Mehrfachzucker und ist ein Baustein der Laktose, Maltose, Saccharose, Cellulose, des Glykogens sowie der Stärke.

- **Eiweiße (Proteine)** – gehören zu den wichtigsten Makroelementen im menschlichen Körper, die mit der Nahrung aufgenommen werden. Diese makromolekularen Strukturen bestehen hauptsächlich aus Aminosäureresten. Proteine enthalten etwa 50% Kohlenstoff, fast 25% Sauerstoff, 18% Stickstoff sowie Wasserstoff, Schwefel und Phosphor. Proteine sind einerseits Bausteine der organischen Strukturen des Körpers, andererseits beeinflussen sie Stoffwechselveränderungen und können unter Umständen auch als Energiequelle dienen. Sie werden in Zellen unter Beteiligung von Ribosomen produziert und unterteilen sich aufgrund des Gehalts an essenziellen Aminosäuren (die der Körper nicht selbst synthetisiert, sondern mit der Nahrung aufgenommen werden müssen) in unvollständige und vollständige Eiweiße.

- **Elektrolyte** – sorgen für einen ausgeglichenen Säure-Basen-Haushalt im Körper. Salzionen, wie Natrium, Kalium, Kalzium und Magnesium, sind für den Körper unentbehrlich. Sie werden als starke Elektrolyte bezeichnet, d. h. sie lassen sich vollständig in Flüssigkeiten lösen. Sie werden dem Körper mit Wasser, anderen Flüssigkeiten und Nahrungsmitteln zugeführt. Von Elektrolyten hängt der Wasserhaushalt des Körpers ab. Sie sind positiv oder negativ geladen und ziehen Wassermoleküle an, die im ganzen Körper verteilt sind. Elektrolyte ermöglichen die Leitung von Nervenimpulsen, die für das Funktionieren des Gehirns und des Nervensystems notwendig sind. Sie sind auch für die Muskeln, darunter für das Herzmuskelgewebe, notwendig, da sie ihre Funktion beeinflussen.

- **Fette** – ist der gebräuchliche Name für die Gruppe der Lipide, Glycerinester und Fettsäuren. Die Fettverbindungen erfüllen in unserem Körper unterschiedliche Funktionen. Sie stehen nicht nur mit der Energie unseres Organismus in Verbindung, sondern auch mit der Immunkraft, der hormonellen Regulierung und dem Stoffwechsel von Proteinen und Kohlenhydraten. Die einfachste Aufteilung umfasst drei Arten von Fetten: gesättigte Fette, einfach ungesättigte Fette und mehrfach ungesättigte Fette. Unter den ungesättigten Fettsäuren bilden die mehrfach ungesättigten Fettsäuren eine wichtige Gruppe. Sie sind lebenswichtig. Da sie essenziell sind, das heißt, dass sie vom Körper nicht selbst hergestellt werden, müssen sie über die Nahrung zugeführt werden.

- **Fruktose (Fruchtzucker, von lateinisch fructus „Frucht)** – ist eine natürlich vorkommende chemische Verbindung aus der Gruppe der Ketosen, der Monosaccharide (Einfachzucker). Sie kommt in Früchten, Honig und Blütennektar vor und hat einen süßen Geschmack (etwas süßer als Saccharose und viel süßer als Glukose). Obwohl es sich um einen Einfachzucker handelt, wird er langsam vom Körper aufgenommen. Große Mengen an Fruktose können Magen-Darm-Schmerzen und Durchfall verursachen. Fruktose erhöht auch die Konzentration von Triglyceriden und Harnsäure im Blut. Viele Studien bestätigen die negativen Auswirkungen des übermäßigen Verzehrs von Fruktose. Sie zeigen, dass es Belohnungszentren im menschlichen Gehirn aktiviert, ohne ein Gefühl der Sättigung zu vermitteln, und können somit die Entwicklung von Fettleibigkeit fördern.

- **Gesättigte Fettsäuren** – sind hauptsächlich in Produkten tierischen Ursprungs wie Milch, Butter, Schmalz und rotem Fleisch enthalten, aber auch in Kokosöl. Gesättigte Fette sollten so wenig wie möglich konsumiert werden, da der menschliche Körper sie selbst in ausreichender Menge produziert und es nicht notwendig ist, sie über die Nahrung aufzunehmen. Im Übermaß verzehrt erhöhen sie den Cholesterinspiegel im Blut und fördern die Entwicklung von Entzündungen, was das Risiko von Herz-Kreislauf- und Stoffwechselerkrankungen erhöht.

- **Gluten** – ein Stoffgemisch aus pflanzlichen Proteinen (Glutenin und Gliadin), die in vielen gängigen Getreidesorten wie Weizen, Roggen und Gerste enthalten sind. Große Mengen an Gluten sind auch in Hafer enthalten, weil er damit verunreinigt ist. Diese Proteine haben einen sehr geringen Nährwert für unseren Körper, haben aber eine sehr entscheidende technologische Funktion, nämlich eine wichtige Bedeutung für die Backeigenschaft von Getreidemehl: Sie geben Produkten wie Brot, Kuchen und Nudeln die richtige Struktur.

- **Glykämischer Index (GI)** – bestimmt den prozentualen Anstieg des Blutzuckerspiegels, der auftritt, nachdem 50 g einfache Kohlenhydrate (Glukose oder Saccharose) aufgenommen wurden. Es wird davon ausgegangen, dass Produkte mit einem GI von weniger als 50 vorteilhafter sind. Die tägliche Ernährung sollte reich an Produkten mit niedrigem GI sein, und nur in bestimmten Situationen (erhöhter Energiebedarf, z. B. nach längerem Training) sollte man Nahrungsmittel mit einem hohen Gehalt an Einfachzucker, d. h. solche mit hohem GI, essen. Der glykämische Index hängt auch vom Grad der Produktverarbeitung und Wärmebehandlung ab, z. B. haben rohe Rote Bete und Karotten einen niedrigeren GI als gekochte; frische Früchte niedrigere Werte als Trockenfrüchte.

- **Glykämische Ladung** – ist das Produkt des Glykämischen Index und der Kohlenhydratmenge in einem Produkt, das durch 100 geteilt wird. Ein Lebensmittel mit einem niedrigen glykämischen Ladungsindex hat einen Wert unter 10, ein mittlerer Wert liegt zwischen 10 und 20 und ein hoher über 20. Eine glykämische Ladung ist ein Zahlenwert, der nicht nur die Qualität, sondern auch die Menge der Kohlenhydrate in einem Produkt berücksichtigt. Je höher die glykämische Ladung ist, desto höher ist der Anstieg des Blutzuckerspiegels nach dem Konsum des Produkts. Einige Produkte können einen hohen glykämischen Index, aber eine niedrige glykämische Ladung aufweisen. Ein Beispiel ist ein Kürbis mit einem IG von 75 und einer glykämischen Ladung von 3, weshalb die glykämische Ladung ein genauerer Indikator als der glykämische Index ist.

- **Grundumsatz (Ruheenergiebedarf)** – die niedrigste Stoffwechselrate, die Energie, die der Körper für die Aufrechterhaltung seiner Funktion benötigt: Für das einwandfreie Funktionieren der inneren Organe, der Atmung, Herzfrequenz, Durchblutung, Wachstum und Regeneration der Zellen und des Gewebes, für Ausscheidungsaktivitäten, Arbeit des Nervensystems sowie der Aufrechterhaltung einer konstanten Körpertemperatur und Muskelspannung. Je nach Alter und Lebensstil wird für den Grundumsatz 45% bis 70% des täglichen Energiebedarfs eines Menschen benötigt.

- **Kalorien** – obwohl wir normalerweise von Kalorien sprechen, werden die Brennwerte von Lebensmitteln in Kilokalorien (kcal) angegeben, d. h. 1000 Kalorien. Die Bestimmung der Kalorienmenge in Lebensmitteln drückt die Energiemenge aus, die der menschliche Körper im Durchschnitt beim Verzehr eines solchen Produkts aufnimmt. Diese Energie wird zur Aufrechterhaltung der lebenswichtigen Funktionen und Aktivitäten genutzt. 1 g Protein entspricht etwa 4 Kilokalorien, 1 g Kohlenhydrate - 4 Kilokalorien, 1 g Fette - 9 Kilokalorien.

- **Kohlenhydrate (Saccharide)** – sind Makroelemente, die aus den folgenden chemischen Elementen bestehen: Kohlenstoff, Wasserstoff und Sauerstoff, wobei das Verhältnis von Sauerstoff zu Wasserstoff 1:2 beträgt. Kohlenhydrate machen nur etwa 1% der chemischen Zusammensetzung des erwachsenen menschlichen Körpers aus, aber die Zufuhr dieses Makroelements ist für das einwandfreie Funktionieren des Körpers unerlässlich. Die tägliche Zufuhr von Kohlenhydraten ist notwendig, da sie die wichtigste Energiequelle sind. Je nach Ernährung decken sie den täglichen Energiebedarf von 40 bis 80%. Zu wenig Kohlenhydrate (weniger als 50 g pro Tag) erschweren die Fettsäurenverbrennung.

- **Komplexe Kohlenhydrate** – organische Verbindungen, die aus mindestens zwei Monosaccharid-Molekülen (Einfachzucker) bestehen. Sie werden in verdauliche und nicht verdauliche Kohlenhydrate unterteilt (siehe: Cellulose). Komplexe Kohlenhydrate werden in Oligosaccharide und Polysaccharide unterteilt. Oligosaccharide sind Mehrfachzucker mit ähnlichen Eigenschaften wie Monosaccharide. In den meisten Fällen schmecken sie süß und sind wasserlöslich. Das häufigste Oligosaccharid ist Saccharose (Zucker). Polysaccharide sind Mehrfachzucker, in denen eine große Anzahl Monosaccharide über eine glycosidische Bindung verbunden sind. Dazu gehören Stärke, Glykogen, Hyaluronsäure und Chitin. Zu den Produkten, die reich an komplexen Kohlenhydraten sind, gehören vor allem Mehl, Brot, Vollkornnudeln, Grütze, Vollkornreis, Kartoffeln, Haferflocken und Hülsenfrüchte.

- **Laktose** – ist ein Milchzucker, bestehend aus Glukose- und Galaktosemolekülen. Sie ist in der Milch aller Säugetiere enthalten, z. B. enthält Muttermilch etwa 7% und Kuhmilch 4% Laktose. Laktose wird im Körper durch das Enzym Laktase abgebaut. Sein Mangel führt zu einer Laktoseintoleranz. Laktose wird auch von den Bakterien des Laktobacillus casei zu Milchsäure verstoffwechselt, was z. B. in der Sauermilcherzeugung von Bedeutung ist.

- **Mehrfach ungesättigte Fettsäuren** – die gesundheitlich wichtigste Gruppe von Fettverbindungen. Dabei handelt es sich um Omega-3- und Omega-6-Fettsäuren (lebenswichtige, essenzielle ungesättigte Fettsäuren), die mit Nahrung versorgt werden müssen. Mehrfach ungesättigte Fette wirken sich positiv auf das Immunsystem aus, sorgen für eine einwandfreie Funktion des Herz-Kreislauf- und des Nervensystems, unterstützen die Feuchtigkeitsversorgung der Haut, verbessern die Lipidparameter, regulieren den Glukosespiegel und schützen uns vor der Entstehung vieler Krankheiten. Omega-6-Fette wirken im Übermaß entzündungsfördernd, während Omega-3-Fettsäuren mit einer entzündungshemmenden Wirkung verbunden sind und uns vor Krebs schützen können. Der vorgeschlagene Anteil an Omega-Säuren in der Ernährung beträgt 4:1, was heißt, dass man viermal so viele Omega-6- wie Omega-3-Fettsäuren zu sich nehmen soll. Omega 6-Fettsäuren sind beispielsweise in Soja-, Sonnenblumen- und Maiskeimöl, sowie in Kürbis- und Sonnenblumenkernen, Sesam, Erdnüssen und Hülsenfrüchten enthalten. Eine reiche natürliche Quelle für Omega-3-Fettsäuren sind fetthaltige Meeresfische wie Thunfisch, Lachs, Makrele und Hering.

- **Stärke** – ist der bekannteste Mehrfachzucker (Polysaccharid). Sie besteht aus vielen Glukosemolekülen, die während der Verdauungsprozesse freigesetzt werden. Sie ist ein pflanzlicher Reservestoff, der in Form von Samen gespeichert wird. Stärke ist in Getreidekörnern (circa 75 %), Kartoffeln (20 %) und Mais (80 %) enthalten.

- **Unvollständige Proteine** – sind in Lebensmitteln enthalten, die nicht aus essenziellen Aminosäuren bestehen. Sie kommen in Getreideprodukten, Hülsenfrüchten und Nüssen vor.

- **Vitamin D** – Die richtige Konzentration von Vitamin D im Körper ist wichtig für die Gesundheit, insbesondere für den Knochenaufbau, die Zähne und das Herz-Kreislauf-System. Der menschliche Körper kann 90% des Bedarfs an diesem Vitamin mit Hilfe von Sonnenlicht selbst herstellen, während der Rest (10%) über die Nahrung aufgenommen werden sollte. Die Aufnahme über die Haut erfordert eine Sonneneinstrahlung für circa 20 Minuten pro Tag. In der Herbst-Winter-Periode, wenn wir unter Sonnenmangel leiden, sollte dieses Vitamin supplementiert werden. Vitamin D ist fettlöslich. Bei der Einnahme von Vitamin D-haltigen Produkten soll man darauf achten, dass sie auch Fett enthalten, daher sind Präparate in Kapseln, die zusätzlich Öl enthalten, empfehlenswert.

- **Vollständige Proteine** – liefern dem Körper alle essenziellen Aminosäuren. Sie sind in Lebensmitteln pflanzlichen und tierischen Ursprungs enthalten. Die beste Quelle für diese vollwertigen Proteine sind Fisch, Fleisch, Milchprodukte, Eier und auch Produkte auf Sojabasis.

Die App ist mehr als nur ein persönlicher Trainer.
Ich gehe Hand-in-Hand mit dir durch die komplexe Welt von Ernährung und Workout.
BODY BACK ON KNEE
DIET & TRAINING BY ANN
DIET & TRAINING BY ANN
LADE DIE APP HERUNTER. STARTE DEIN KOSTENLOSES
TRAINING UND ERNÄHRUNGSPLAN JETZT!
Available on the iPhone App Store
WWW.ANNALEWANDOWSKA.DE
ANDROID APP ON Google play
FÜR JEDES FITNESSLEVEL GEEIGNET
WORKOUTS VON 15 BIS 45 MINUTEN DAUER
GESUNDE UND PERSONALISIERTE MAHLZEITEN

ISBN 978-3-517-09848-7

1. Auflage

Das Buch ist eine Übersetzung aus dem Polnischen.
Titel der Originalausgabe: Diet & Training by Ann

PROJEKTLEITUNG: Nina Sahm
ÜBERSETZUNG: Joanna Schulz
REDAKTION UND SATZ: trans texas publishing services GmbH, Köln
UMSCHLAGGESTALTUNG FÜR DIE DEUTSCHSPRACHIGE AUSGABE:
Vera Schlachter, München, unter Verwendung eines Fotos von Marta Wojtal

BILDNACHWEIS: Shutterstock: 8, 50 (Hintergrund/Guiyuan Chen), 8, 50, 152 (Rahmen/Vata), 9, 51 (Unterleger Holz/Guiyuan Chen), 38 (Hinterleger Block/ Shutter_M), 39 (Hinterleger rot/keport), 52/53, 92/93, 152 (Gencho Petkov), 120, 129, 132, 140, 167, 181, 183, 189, 195 (Hinterleger Rezept/mexrix), 153 (Hinterleger grün/urfin), 214 (Hintergrund/Alexlukin), 215 (Hinterleger gelb/Milleflore Images)

Adobe Stock: 59 (kitsananan kuna), 76 (vitals), 97 (Hendraxu), 110 (Valerii Zan), 117 (ergorxfi), 126 (robynmac), 131 (yossarian6), 149 (Betacam-SP), 151 (Ruslan Moore), 155 (monstersparrow), 167 (Maksim Shebeko), 181 (Rote Beete/SAKORN), 183 (Jiri Hera), 189 (bigacis), 195 (Salz/sriharun).

Alle Übungsfotos (S. 152-211) stammen aus der App „Diet & Training by Ann".

Restliche Fotografien: Marta Wojtal und Anna Lewandowska privat.

Für die polnische Originalausgabe:
LEKTORAT UND KORREKTORAT: Redaktornia.com
GRAFIKDESIGN: Maciej Szymanowicz
FOTOPRODUKTION: Marta Wojtal
MITARBEIT: Aleksandra Dec
REDAKTION: Agnieszka Radzikowska, Mariusz Teler

Druck und Bindung: Alcione Litotipografia S.r.l., Lavis.
Printed in Italy

MIX
Papier aus verantwortungsvollen Quellen
FSC® C021956

www.suedwest-verlag.de